Jean-Paul P[illegible]

La comptabilité nationale

Douzième édition

Éditions La Découverte
9 *bis*, rue Abel-Hovelacque
75013 Paris

Du même auteur

L'Indice des prix, coll. « Repères », La Découverte, nouvelle édition, 1992.

Lexique de sciences économiques et sociales, coll. « Repères », La Découverte, cinquième édition, 2002.

Nouveau Manuel, sciences économiques et sociales, terminale ES (direction avec Pascal Combemale), La Découverte, nouvelle édition, 2003, à paraître.

Nouveau Manuel, sciences économiques et sociales, seconde (direction avec Pascal Combemale), La Découverte, 1997.

AVERTISSEMENT. En raison des arrondis, certains totaux en lignes ou en colonnes de certains tableaux ne font pas exactement le total des éléments dont ils sont la somme. Exemple : 2,0 + 3,2 = 5, 1

Catalogage Électre-Bibliographie

PIRIOU, Jean-Paul
La comptabilité nationale. – 12e éd. – Paris : La Découverte, 2003. – (Repères ; 57)
ISBN 2-7071-3942-4

Rameau :	comptabilité nationale : France
Dewey :	336.3 : Finances publiques. Comptabilité publique
Public concerné :	1er cycle-Prépas, DEUG. Public motivé.

Si vous désirez être tenu régulièrement informé de nos parutions, il vous suffit d'envoyer vos nom et adresse aux Éditions La Découverte, 9 *bis*, rue Abel-Hovelacque, 75013 Paris. Vous recevrez gratuitement notre bulletin trimestriel **À la Découverte**. Vous pouvez également retrouver l'ensemble de notre catalogue et nous contacter sur notre site **www.editionsladecouverte.fr**.

Introduction

« Croissance du PIB », « stagnation du revenu disponible des ménages », « chute de la FBCF », « amélioration du taux de marge des sociétés », « besoin de financement des administrations », etc. : les médias nous font ingurgiter des informations économiques que nous digérons d'autant moins bien que nous manquons d'éléments de comparaison pour apprécier l'importance des chiffres cités et que nous connaissons mal la signification des sigles utilisés ou la définition des notions employées. Cette omniprésence envahissante des informations économiques quantitatives peut avoir des effets pervers redoutables : faute d'en saisir le sens et la portée, nous sommes conduits à nous en désintéresser et à considérer que les données économiques sont réservées aux « experts ». Cette attitude tout à fait compréhensible s'accompagne alors souvent soit d'un scepticisme désabusé (« on peut faire dire n'importe quoi aux statistiques »), soit d'une fétichisation du chiffre et d'un abandon de tout esprit critique.

Chacun peut améliorer spectaculairement sa perception des informations économiques en s'initiant à la comptabilité nationale (CN). Car celle-ci est précisément le cadre dans lequel sont définies et quantifiées la plupart des notions économiques que les médias véhiculent, que les hommes politiques reprennent dans leurs débats ou leurs polémiques, et que les économistes utilisent pour leurs analyses. S'initier à la CN, ce n'est pas seulement en acquérir quelques rudiments. S'initier, c'est *entrer dans* la logique interne de ce système de normalisation de l'information économique qu'est la CN ; saisir sa cohérence et son intérêt, mais aussi ses limites et ses problèmes, comprendre que la CN n'est pas réductible à une technique, mais qu'elle est une pratique sociale. L'unique ambition de ce livre est de permettre à chacun d'atteindre cet objectif et de rejoindre ainsi le cercle malheureusement restreint des initiés.

La CN est une *représentation globale, détaillée et chiffrée de l'économie nationale dans un cadre comptable*. Les éléments de cette définition seront explicités dans ce livre, mais il faut insister immédiatement sur le fait que la CN est une représentation. On entend souvent dire que la CN est objective, qu'elle est la photographie du réel. C'est au moins oublier que d'un même objet il peut exister de nombreuses photos qui diffèrent par l'éclairage, l'angle de prise de vue, etc. C'est surtout omettre que l'objet que la CN représente, met en scène, n'est pas déjà là, mais est construit par la CN elle-même. En ce sens, la CN ne peut avoir un point de vue « objectiviste » ; elle n'est pas un rassemblement de « données » économiques (données par qui, d'ailleurs ? Par l'évidence, par les apparences ?). La CN repose sur une démarche « constructiviste » : elle constitue la réalité économique en objet. Si les faits économiques peuvent acquérir du sens, c'est parce qu'ils ne sont plus des données (des faits bruts) mais des résultats (des faits construits). Cette remarque est importante car la CN renvoie à un univers qui peut nous paraître familier, et le risque est alors grand de considérer qu'elle se contente d'ordonner et de quantifier des phénomènes en quelque sorte naturels à l'aide de notions évidentes (production, consommation, investissement...).

En réalité, la CN est un produit historique au confluent de considérations théoriques et de préoccupations pratiques. On pourrait lui trouver de nombreux ancêtres (voir [Vanoli, 2002]) [1], mais l'invention de la CN proprement dite est le produit des perturbations économiques et politiques de la période 1930-1945. L'ampleur de la crise, l'insuffisance des statistiques disponibles pour éclairer les interventions publiques et l'intérêt porté aux phénomènes macroéconomiques sous l'influence de Keynes [Combemale, 2003] orientent tout d'abord les préoccupations statistiques vers l'élaboration et l'évaluation d'agrégats, c'est-à-dire de grandeurs synthétiques caractéristiques de l'économie nationale (produit national, revenu national...). Mais c'est pendant la Seconde Guerre mondiale que sont élaborés les premiers schémas de comptes nationaux par Meade et Stone en Grande-Bretagne, Tinbergen aux Pays-Bas et Vincent en France. Après la guerre, le *Système simplifié* (1950) puis le *Système normalisé de comptabilité nationale* (1952) concrétisent les efforts de normalisation entrepris dans le cadre de l'OECE (Organisation européenne de coopération économique, devenue ensuite l'OCDE). Ces travaux sont repris par l'ONU qui publie en 1953 le premier *Système de comptabilité nationale* des Nations unies (SCN, sigle officiel).

---

1. Ces crochets renvoient à la bibliographie en fin de volume.

La France fait cavalier seul. La CN s'y inscrit dans une conception du développement commune aux forces politiques et sociales traumatisées par le désastre de 1940. Celles-ci sont convaincues de l'incapacité du patronat et des mécanismes du marché à reconstruire et à développer l'économie. Elles considèrent la CN comme un instrument indispensable de la planification et des interventions « éclairées » de l'État [Fourquet, 1980]. D'où une CN originale, beaucoup plus détaillée que celle que les Anglo-Saxons ont fait entériner par l'ONU.

Cette originalité prend fin en 1976 avec l'avènement du *Système élargi* de CN (officiellement appelé SECN et marginalement révisé en 1987). Il est l'adaptation aux caractéristiques institutionnelles françaises du SEC 70, *Système européen des comptes*. Ce dernier est lui-même l'adaptation à l'Europe en 1970 du SCN adopté par l'ONU en 1968. D'une façon générale, le SCN 68 peut être considéré comme un aboutissement conceptuel dans la mesure où il résulte assez largement de la fusion des apports anglo-saxons et français.

En 1993, l'ONU révise à nouveau son système. Comme la plupart des modifications de la CN, ce changement est aussi une adaptation aux évolutions des économies et à celles des besoins d'information. Il est significatif à cet égard que le SCN 93 (nouvelle appellation du système) prenne enfin en compte — au moins partiellement — l'immatériel dans la définition de l'investissement ou bien — mondialisation oblige — qu'il constitue une avancée significative dans l'harmonisation internationale des normes des organismes internationaux eux-mêmes. Le SCN 93 a été en effet préparé à partir de 1982 sous l'égide d'un groupe de travail associant l'ONU, le Fonds monétaire international (dont la cinquième édition du *Manuel de la balance des paiements*, les statistiques des finances publiques et les statistiques financières sont désormais très proches du SCN), la Banque mondiale, l'OCDE et l'Office statistique des communautés européennes (Eurostat). Un groupe de cinq experts (allemand, américain, argentin, indien et français, en l'occurrence André Vanoli) a joué un grand rôle dans ces travaux très lourds d'élaboration du nouveau système.

Tous les pays ont maintenant pratiquement adopté le système de l'ONU, y compris, bien évidemment, ceux auxquels les Soviétiques avaient imposé leur « Système de la balance de l'économie nationale », plus souvent appelé CPM pour *comptabilité du produit matériel* parce que la conception de la production s'y limitait aux « produits matériels » (objets, énergie) et aux services « matériels » nécessaires à leur circulation (transport, commerce...), les autres services étant exclus du champ de la production.

Le SEC 95, adaptation par l'Union européenne du SCN 93, a le statut d'un règlement européen : adopté en juin 1996 par le Conseil de l'UE sur proposition de la Commission, il s'impose à tous les pays de l'Union (tous ont commencé à publier des comptes conformes au SEC 95 en 1999). Il s'agit non seulement de pouvoir rendre plus facilement comparables les différentes économies, mais aussi de disposer d'évaluations ne prêtant pas à controverses pour un certain nombre d'indicateurs sensibles : par exemple, le PNB qui constitue l'assiette de la « quatrième ressource » du budget de l'UE,

Qu'est-ce que l'économie nationale ?

L'économie nationale dont la CN se veut la représentation ne correspond pas à une notion évidente. *A priori*, plusieurs critères sont envisageables pour la caractériser. Par exemple, un critère juridique (la nationalité des unités prises en compte) ou un critère géographique (leur présence sur le territoire). On adopte une notion intermédiaire : la résidence. *L'économie nationale est l'ensemble des unités résidentes, c'est-à-dire des unités qui ont un centre d'intérêt sur le territoire économique*.

Le *territoire économique* de la France comprend le territoire géographique métropolitain, l'espace aérien national, les eaux territoriales, les gisements situés dans les eaux internationales exploités par des unités résidentes dans l'une des autres parties du territoire économique. À tout ceci, on doit ajouter — innovation du nouveau système — les DOM (départements d'outre-mer), mais toujours pas les TOM (territoires d'outre-mer). Cette innovation conduit à augmenter le PIB de quelque 1,2 % et à réduire le solde extérieur (les achats des DOM à la métropole gonflaient les exportations de la France et étaient nettement moins importants que leurs ventes, comptées avec les importations) d'un montant non négligeable (0,6 % du PIB en 1997). Enfin — innovation dont on peut s'étonner que *Voici* n'en ait pas saisi toute la portée —, désormais, Monaco est exclu du territoire économique.

Une unité a un *centre d'intérêt sur le territoire* si elle y effectue des opérations économiques pendant un an ou plus. Le critère de la nationalité n'intervient donc pas. Un travailleur immigré appartient à l'économie nationale alors qu'un Français travaillant à l'étranger n'en fait pas partie. Les travailleurs frontaliers ou saisonniers et les touristes sont rattachés au territoire dans lequel ils résident habituellement. Lorsqu'une société étrangère (c'est-à-dire ayant son siège social en dehors du territoire) exerce *pendant plus d'un an* une activité sur le territoire par le biais d'une succursale, d'un bureau de vente ou d'un chantier de longue durée, cette activité est attribuée à une unité résidente fictive appelée « quasi-société ».

Si le critère de la résidence est bien conforme aux normes internationales de CN, il n'en demeure pas moins qu'il conduit à négliger le contrôle exercé sur certaines unités résidentes par des unités résidentes d'autres économies nationales. Pour la CN, la filiale française d'IBM fait partie de l'économie nationale française (elle est la propriété d'IBM-USA mais son siège social est en France) et la filiale espagnole de Renault appartient à l'économie nationale espagnole. Le critère de la résidence n'est alors que partiellement réaliste car il ne permet pas d'intégrer certaines relations de pouvoir. Représenter une économie nationale ainsi définie rend d'emblée impossible la prise en considération de la structuration de l'économie mondiale par les firmes transnationales. D'une certaine façon, le SEC contribue à soutenir le mythe de l'économie nationale. Avec la poursuite de l'intégration économique européenne, la notion perd aussi évidemment une partie de sa substance.

ou le déficit public parce qu'il doit obéir à des normes prévues par le *pacte de stabilité et de croissance* (traité d'Amsterdam de juin 1997).

Si le SEC 95 découle du SCN 93, de même que le SEC 70 était une adaptation du SCN 68, il n'existe plus en revanche l'équivalent du SECN : *le nouveau système français est directement le SEC 95*. Ce livre présente donc les comptes nationaux français conformes au SEC 95. Ils sont dits comptes de la base 95 pour des raisons qui seront énoncées dans le chapitre VI (suspense...).

Deux approches du circuit économique

La CN ne représente pas l'économie nationale comme un ensemble de marchés (ce qui serait concevable dans une optique strictement libérale), mais comme un circuit qu'elle envisage de deux façons différentes mais complémentaires.

La production est à l'origine de l'activité économique (voir le schéma). Elle est la source des biens et services, mais aussi des revenus (salaires, profits...) dont la dépense doit permettre l'achat des produits. Le circuit économique ne peut évidemment pas demeurer aussi simple. S'agissant des produits (biens et services), il faut prendre en compte les importations qui augmentent les ressources en produits, et les exportations qui sont une des utilisations possibles des produits disponibles (à côté de la consommation et de l'investissement). Quant aux revenus, ils ne sont pas dépensés tels quels par ceux qui les ont reçus de la production. Leur répartition entre les agents économiques est modifiée par des opérations de redistribution du revenu (impôts, cotisations, prestations sociales...) et par des transferts de revenus avec le reste du monde.

Les dépenses des agents économiques ne sont qu'exceptionnellement identiques à leurs revenus. Pour certains, les premières sont inférieures aux seconds. Ils ont alors une capacité de financement qui leur permet d'augmenter leurs créances, par exemple en prêtant. D'autres, au contraire, ont un besoin de financement parce que leurs dépenses excèdent leurs revenus. Ils doivent alors augmenter leurs dettes, par exemple en empruntant. Des opérations financières permettent ainsi à la capacité de financement des uns de combler le besoin de financement des autres. Elles peuvent aussi avoir lieu entre les unités résidentes (l'économie nationale) et des unités non résidentes (le reste du monde).

Toutes les opérations économiques que nous venons d'évoquer sont regroupées par la CN en trois grandes catégories.

• Les *opérations sur produits* décrivent l'origine des biens et services (production, importations), et leurs différentes utilisations

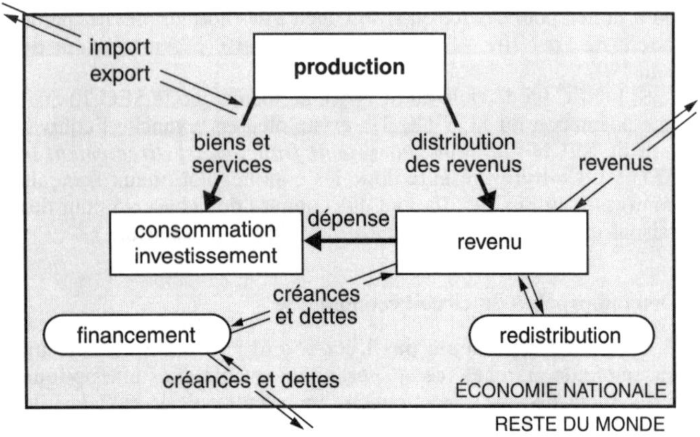

(consommation, investissement...). Leur prise en considération permet une *approche de l'économie nationale par les produits* (chap. I) dont la synthèse est le tableau des entrées-sorties (TES). Le TES représente le système productif comme un ensemble de branches (une branche est l'ensemble des unités qui produisent le même produit). Ses utilisations concrètes sont nombreuses.

• Les *opérations de répartition* décrivent la formation du revenu des agents (distribution et redistribution). Leur prise en compte permet une *approche par les revenus* (chap. II et III) qui conduit à une représentation de l'économie nationale dont les sujets ne sont plus les branches mais les secteurs institutionnels, c'est-à-dire des regroupements d'unités qui ont un comportement économique analogue (par exemple, les ménages, les sociétés). Dans cette représentation s'intègrent les *opérations financières* (chap. IV) qui décrivent les créances acquises ou cédées et les dettes contractées ou remboursées. Toutes ces opérations sont synthétisées — nous le verrons au chapitre V — dans des agrégats (produit intérieur brut ou PIB, revenu national...) utilisés pour les comparaisons internationales ; elles sont aussi reprises dans les comptes économiques intégrés (CEI, appelés aussi tableau économique d'ensemble, TEE) qui rassemblent toutes les opérations des secteurs institutionnels.

Pendant longtemps, la CN a limité son ambition à la mise en ordre des opérations relatives à des flux. Avec le SCN 93, elle confirme nettement son ambition d'être plus exhaustive en prenant en compte aussi les stocks, qu'ils soient non financiers (valeur du stock de logements, de machines...) ou financiers (valeur des actions détenues, endettement total...). Cette volonté ne se traduit pas seulement par l'élaboration de comptes de patrimoine (chapitre IV) qui décrivent les stocks détenus par chacun des secteurs, mais aussi par des comptes qui permettent de montrer comment les changements de valeur des stocks découlent à la fois de flux de l'année (les achats d'actions par les ménages augmentent leur stock d'actions, les ventes les diminuent) et de changements de prix (la variation des cours des actions suffit à modifier la valeur de leur stock, même en l'absence de transactions). Tout ceci est aussi repris dans le TEE.

La CN regroupe toutes ces opérations sur la base de l'année civile (1er janvier au 31 décembre). Ce choix ne présente pas que des avantages. Compte tenu des délais d'établissement des comptes, une première évaluation des flux de l'année est connue avec un retard moyen de douze mois (voir chapitre VI). En outre, des comptes annuels ne permettent de calculer que des évolutions de flux en *moyenne annuelle* et sont donc impropres à décrire la conjoncture. C'est ainsi que l'affirmation « en 2000, les salaires ont augmenté de 3 % » ne signifie pas que les salaires ont augmenté de 3 % du début à la fin de l'année, mais que le total des salaires en 2000 est supérieur de 3 % au total des salaires en 1999. Or une telle évolution est possible en l'absence de toute hausse en *glissement annuel* en 2000 (c'est-à-dire entre le début et la fin de 2000) : il suffit simplement que les salaires aient augmenté entre le début et la fin de 1999. La publication de comptes nationaux trimestriels moins détaillés atténue ces inconvénients (encadré page 93). Leur importance ne cesse de croître en raison du renforcement des préoccupations pour le court terme qui accompagne les économies contemporaines exposées aux mouvements souvent erratiques des marchés financiers. Les principaux résultats des comptes trimestriels sont publiés soixante jours après la fin du trimestre et suivis de résultats plus détaillés quarante jours plus tard.

Le *Rapport sur les comptes de la nation*

Les principaux résultats de la CN annuelle sont publiés par l'INSEE (Institut national de la statistique et des études économiques) en juin de l'année n + 1 dans le *Rapport sur les comptes de la nation de l'année n*. Des comptes prévisionnels (appelés budgets économiques) pour les années n + 1 et n + 2 sont publiés à l'automne de n + 1. Des résultats plus détaillés sont disponibles dans les séries *INSEE-Première* et *INSEE-Résultats*. Le *Rapport* et les budgets économiques sont soumis à la *Commission des comptes et des budgets économiques de la nation*. Créée en 1952, présidée par le ministre de l'Économie, elle comprend une quarantaine de hauts fonctionnaires et d'experts nommés par le gouvernement et le Conseil économique et social (Michel Rocard en fut le secrétaire général de 1967 à 1973). Son rôle est très réduit.

Le *Rapport sur les comptes de la nation* comprend deux parties. La première, le rapport proprement dit, présente un diagnostic relatif à la situation économique de la France et quelques fiches et tableaux [INSEE, 2002a]. C'est en général une synthèse utile de quelque 200 pages sur les évolutions conjoncturelles mondiale et nationale, le comportement et la situation des principaux secteurs (ménages, sociétés...) et quelques problèmes structurels. La vulgarisation de cette synthèse par les médias, les hommes politiques et les leaders d'opinion dote le *Rapport* d'un statut bien particulier : il constitue le « moule » du discours économique ordinaire. Le second volet (jadis plus de 400 pages) présente les comptes et tableaux détaillés. Pour faciliter la recherche des informations, il classe par thèmes les résultats principaux de la CN pour l'année écoulée et les années antérieures. Il est publié dans *INSEE-Résultats*, série « Économie » (désormais quelques dizaines de pages et un cédérom). Résultats annuels et trimestriels sont disponibles sur <www.insee.fr>.

La Banque de France, la Direction de la comptabilité publique (ministère de l'Économie), celle de la prévision (*idem*) et l'INSEE (qui est également une direction du ministère de l'Économie) participent à l'élaboration des comptes nationaux, le rôle essentiel revenant à l'INSEE pour les comptes du passé et à la Direction de la prévision pour les budgets économiques (« comptes du futur »). Ils doivent coordonner, arbitrer et synthétiser des données disparates (fiscales, douanières, données d'enquêtes, etc.), souvent incohérentes entre elles ; dans certains cas, les données sont inexistantes, il faut alors les déduire de données connues ou faire des hypothèses plus ou moins conventionnelles. De ce point de vue, la CN diffère profondément de la comptabilité d'entreprise. *La CN est moins une comptabilité que la présentation d'informations quantifiées dans un cadre comptable.*

Pour initier à la CN, il est donc aussi important d'exposer le cadre comptable (premiers chapitres de ce livre) que d'analyser la précision, les utilisations, les interprétations et les limites de la CN telle qu'elle est réellement, non pas en théorie mais en pratique (derniers chapitres). En moins de 128 pages, c'est évidemment un pari audacieux qui ne pourra être tenu sans la participation bienveillante et active du lecteur. Un index figure en fin de volume, ainsi que le sens des sigles traditionnels et des abréviations qu'il a fallu utiliser, dont la plupart sont courantes dans les publications de l'INSEE. Nous présentons les dernières données annuelles disponibles à la fin 2002, c'est-à-dire celles de 2001.

I / L'approche par les produits

De quelles quantités de produits (biens et services) l'économie nationale a-t-elle disposé pendant l'année ? À quelles utilisations les produits ont-ils été affectés ? Les comptables nationaux vont s'efforcer de répondre à ces deux questions pour chacune des 472 catégories de produits figurant dans leur principale nomenclature de travail (encadré sur les nomenclatures, p. 19).

1. L'équilibre ressources-emplois d'un produit

Les quantités disponibles d'un produit ne peuvent provenir que de la production (P) et des importations (IM) ; selon la terminologie en vigueur, P et IM constituent les *ressources en produit.* Les utilisations du produit — ce sont les *emplois* — peuvent être très variées. La CN les regroupe en cinq grands types selon la destination économique du produit : consommation intermédiaire, consommation finale, investissement, variation des stocks, exportations.

• *La consommation intermédiaire* (CI) représente la valeur du produit consommé dans les différents processus de P. Les produits utilisés comme CI sont incorporés dans des produits plus élaborés (par exemple, les pneus utilisés pour la P d'automobiles) ou détruits au cours du processus de P (par exemple, l'électricité dans la P d'aluminium). Les services peuvent être aussi utilisés comme CI : par exemple, les services d'un avocat ou les services informatiques achetés par une entreprise. Pour qu'il y ait CI, l'incorporation ou la destruction doivent être totales. Bâtiments et biens d'équipement ne peuvent donc pas être utilisés comme CI puisqu'une partie seulement en est usée dans le processus de P de l'année (cette usure est une consommation de capital fixe, comme nous le verrons plus loin).

• *La dépense de consommation finale* (DC) est celle qui permet l'acquisition de produits utilisés pour la satisfaction directe des besoins individuels des ménages (DC individuelle) ou collectifs (DC collective). On suppose toujours que ces produits ne sont pas stockés mais consommés au moment de l'achat, même lorsqu'ils sont durables (automobiles, téléviseurs…). Les achats de logements ne sont pas de la DC mais de l'investissement (la distinction entre *consommation effective* et *dépense de consommation*, très importante dans le SEC 95, est examinée p. 52).

• *La formation brute de capital fixe* (FBCF) est le nom donné à l'investissement (voir l'encadré). La FBCF est *brute* parce qu'elle correspond au flux total de l'investissement, que celui-ci remplace du capital fixe usé ou qu'il augmente le stock de capital fixe disponible. La valeur annuelle de la perte de valeur du capital fixe en raison de l'usure physique ou de l'obsolescence est appelée la *consommation de capital fixe* (CCF). Si l'on retire cette CCF de la FBCF, on obtient la formation *nette* de capital fixe.

• *Les exportations* (EX) sont une autre utilisation possible du produit. Elles représentent la valeur des biens et *services* fournis par des unités résidentes à des unités non résidentes (la définition des importations est strictement symétrique). Compte tenu de la définition de la résidence (p. 6), il n'est donc pas nécessaire que les produits franchissent la frontière du territoire pour qu'ils soient exportés (ou importés). L'achat d'une paire de chaussures ou d'un repas au restaurant par un touriste étranger en Bretagne, par exemple, est une EX ; et l'achat d'un timbre-poste par un touriste français à l'étranger (ou par un immigré en vacances dans son pays d'origine) est une IM. On conçoit que l'évaluation de certaines EX ou IM ne puisse être qu'indirecte...

• *La variation des stocks* (VS) constitue la dernière utilisation possible d'un produit. Attention, *la variation des stocks n'est pas la variation de la valeur des stocks* au cours de l'année. La valeur des stocks d'un produit est toujours calculée au prix du marché à une date donnée (c'est donc une valeur potentielle : la somme qu'on récupérerait si on vendait alors tout le stock). Cette valeur peut avoir varié pendant une période parce que le prix de marché du produit en stock a changé. Pour désigner cette variation, on parle souvent d'appréciation ou de dépréciation du stock. Ces plus-values ou moins-values sur stocks sont considérées dans les comptes de variation de patrimoine examinés au chapitre IV.

La valeur des stocks peut aussi varier en raison des entrées du produit dans le stock ou des sorties. La VS ne désigne que ce

La nouvelle FBCF

Avant le système actuel, la FBCF correspondait à la valeur des biens durables acquis pendant une période pour être utilisés pendant plus d'un an dans le processus de production (à la valeur de ces biens était jointe celle de certains services comme les honoraires des architectes pour les bâtiments). La conception de l'investissement est maintenant moins restrictive : une partie de l'investissement immatériel est prise en compte, ce qui doit conduire à une croissance plus rapide de la nouvelle FBCF puisque la part de l'immatériel ne cesse de croître.

La FBCF est définie comme la valeur des acquisitions (nettes de cessions) d'*actifs fixes* par les producteurs résidents. L'acquisition n'est pas nécessairement un achat, elle peut être le résultat d'une *production pour emploi final propre* (entreprise produisant un bâtiment ou un logiciel pour elle-même).

L'actif est fixe non pas parce qu'il est physiquement durable mais parce qu'il peut « être utilisé de façon continue ou répétée » (SCN 93 et SEC 95) pendant plus d'un an. Les actifs fixes peuvent être corporels ou incorporels. Parmi les actifs corporels prennent notamment place machines, logements, autres bâtiments ou ouvrages de génie civil (routes, ponts...), ainsi que la valeur des grosses réparations des ces actifs.

Les actifs incorporels comprennent les acquisitions de logiciels (4 % de la FBCF en 2001), les dépenses de prospection minière et pétrolière (à peu près nulles sur le territoire français), et les acquisitions d'œuvres récréatives, littéraires ou artistiques originales, y compris audiovisuelles (autour de 0,5 % de la FBCF), parce qu'on considère que ces œuvres permettent de produire des services — généralement consommés par les ménages — pendant plusieurs années après leur production.

Les concepteurs ont été timides dans l'extension du champ de la FBCF puisque cette dernière exclut toujours la recherche-développement (R&D) qui a pourtant des effets positifs pendant plusieurs années sur la production. L'*intensité en recherche* (R&D/PIB) dépasse 2 % dans la zone OCDE à la fin du siècle (près de 6 % de la valeur ajoutée industrielle) [Guellec, 1999]. Ont été aussi écartées, mais de façon plus consensuelle, les dépenses pour la formation, les grandes campagnes de publicité et la constitution de réseaux commerciaux.

D'une façon générale, on peut s'étonner (euphémisme) de la cohérence de la nouvelle notion de FBCF : elle rejette la R&D, mais intègre les acquisitions de biens durables des armées sauf lorsqu'elles ne peuvent pas avoir d'utilisation civile (les systèmes d'armes sont ainsi exclus parce que, « bien qu'étant durables, ce sont des biens à usage unique », énonce avec humour le SCN 93 à propos des bombes, missiles...). Jusque-là, ces dépenses étaient considérées comme de la CI (sauf les logements des militaires traités déjà en FBCF). Cette extension correspond pour la France à environ 1 % de la FBCF totale. Un grand merci à l'ONU pour ce progrès décisif pour les comparaisons internationales d'effort d'investissement.

En 2001, la FBCF de la France est composée de produits industriels pour 36 % de sa valeur, de produits de la construction (BTP) pour 45 % et de services pour 18 %. La même année, 52 % de la FBCF sont réalisés par les sociétés non financières, 4 % par les entreprises individuelles, 17 % par les administrations publiques, 23 % par les ménages (logements) et 4 % par les sociétés financières.

Ne pas confondre la FBCF et la formation brute de capital qui est la somme de la FBCF, de la variation des stocks et des « acquisitions moins les cessions d'objets de valeur » (pierres et métaux précieux, bijoux, antiquités, objets d'art...).

phénomène ; elle est mesurée par la différence entre les entrées du produit en stocks (évaluées au prix du jour d'entrée) et les sorties (évaluées au prix du jour de sortie). Il s'agit donc de la différence de valeur entre deux *flux*. Lorsque la VS est positive (entrées supérieures aux sorties), c'est parce qu'une partie des ressources en produit (P + IM) n'a été utilisée ni en CI, ni en DC, ni en FBCF, ni en EX. Cette VS est un emploi (une utilisation) du produit. Lorsque la VS est négative (entrées inférieures aux sorties), on dispose d'une ressource supplémentaire qui s'ajoute à la P et aux IM. On convient de considérer cette ressource comme un emploi négatif, ce qui permet de toujours considérer la VS du côté des emplois dans l'équilibre ressources-emplois. La VS comprend aussi la valeur des produits en cours de production à la fin de la période.

Il existe des catégories de produits qui sont susceptibles d'être consommées de façon intermédiaire et finale, d'être stockées et exportées et d'être employées en FBCF. Le produit « automobiles et pièces détachées pour automobiles », par exemple, peut être l'objet d'une CI (chez les garagistes), d'une DC (achats des ménages), d'une FBCF (achats des entreprises), d'une VS et d'une EX. Toutes ces utilisations ne sont pas possibles pour tous les produits. L'acier, par exemple, ne peut pas être une DC ou une FBCF puisqu'il doit d'abord être transformé (CI).

Dans la mesure où la VS est considérée comme un emploi du produit, il y a par définition égalité du total des ressources au total des emplois. Pour chacun des produits de la nomenclature, on a donc (c'est en quelque sorte le principe de Lavoisier de la CN) : P + IM = CI + DC + FBCF + VS + EX. Il est essentiel de bien comprendre que cet équilibre des ressources et des emplois d'un produit est nécessairement vérifié. *C'est un équilibre comptable et non un équilibre économique*. Il est par exemple réalisé même si d'énormes quantités du produit n'ont pu être vendues pendant la période (dans ce cas la VS sera importante). En pratique, l'équilibre se présente d'une façon un peu moins simple (voir l'encadré sur les prix de base).

2. La production

On a jusqu'à maintenant parlé des produits et de la production sans les définir. Ces définitions posent des problèmes redoutables car elles supposent une théorie de la P dont les enjeux sont multiples. De Quesnay aux économistes dits « néoclassiques » en passant par Adam Smith, Ricardo ou Marx, les problématiques de la P sont nombreuses et contradictoires. Les présenter n'entre pas

Prix de base et prix d'acquisition

L'équilibre des ressources et des emplois serait évident si le produit était très simple et pouvait être évalué en mètres carrés ou en tonnes. En pratique, un produit de la nomenclature correspond à beaucoup de biens ou services et il est donc indispensable de valoriser chacune des ressources et chacun des emplois à l'aide de prix. Ces prix doivent avoir une signification pour les agents économiques et correspondre à des données statistiques utilisables.

Pour la production, il serait possible de retenir le prix reçu par le producteur au moment de la vente. Mais ce prix n'est pas assez significatif pour le producteur : il contient des impôts (TVA...) que le producteur doit évidemment reverser à l'administration fiscale ; il reflète également mal dans certains cas la recette liée à la production en raison des subventions versées notamment par l'État pour soutenir le revenu de certains producteurs (cas de l'agriculteur) ou pour permettre au producteur de vendre moins cher son produit (subventions versées à la SNCF pour qu'elle consente des réductions aux militaires ou aux familles nombreuses, etc.). Pour tenir compte de cette réalité, la CN mesure désormais la production au *prix de base*.

Le prix de base est la *recette effective du producteur par unité produite* : montant reçu de l'acheteur pour chaque unité du produit, moins les *impôts sur les produits*, plus les *subventions sur les produits*.

Remarque très importante. Les « impôts sur la production » sont versés par les producteurs indépendamment de la réalisation de bénéfices ; ils regroupent deux ensembles : les « impôts sur les produits » et les « autres impôts sur la production ». Ces derniers sont versés — *indépendamment de la quantité produite* — pour l'emploi de main-d'œuvre et la propriété ou l'utilisation de terrains, bâtiments et autres actifs utilisés à des fins de production (taxes sur les salaires, impôts locaux divers...). Les « impôts sur les produits » (TVA...) sont *dus par unité de bien ou de service produite* ou échangée. Ce sont les seuls à être retranchés du prix de vente pour obtenir le prix de base. On retrouve la même opposition pour les subventions. Les « subventions sur les produits » (ajoutées au prix de vente pour obtenir le prix de base) sont versées au producteur par unité produite. Mais les « subventions » comprennent aussi des « subventions d'exploitation » qui ne dépendent pas de la quantité produite : subventions sur les salaires, ou destinées à réduire la pollution, ou bonifications d'intérêts, c'est-à-dire prise en charge d'une partie des intérêts dus sur des emprunts, etc.

Pour les différents emplois (CI, DC...), le prix significatif est celui qui est payé par l'acquéreur, le prix d'acquisition peut être décomposé en quatre éléments : 1/ le prix reçu par le producteur (autrement dit, le prix de base plus les impôts sur les produits moins les subventions sur les produits) ; 2/ le coût de transport ; 3/ la *marge commerciale* (MC) du commerçant (différence entre son prix de vente et son prix d'achat) ; 4/ *les impôts sur les produits* (nets de subvention). Ces derniers comprennent généralement la TVA (taxe à la valeur ajoutée) et d'autres impôts comme la taxe intérieure sur les produits pétroliers (TIPP) ou les droits sur les alcools. Comme les entreprises peuvent en général récupérer la TVA qu'elles paient sur leurs achats sur la TVA qu'elles doivent sur leurs ventes (la TVA récupérée est dite « déductible »), on décide de mesurer le prix d'acquisition « hors TVA déductible » (c'est-à-dire en ne comptant que la TVA non déductible, la seule qui pèse réellement sur l'acquéreur).

Les importations (ressource en produit) et les exportations (emploi) posent des problèmes particuliers. Soit un pays A sans frontière commune avec la France (F). Pour acheminer un bien importé par F depuis A, il faut supporter des coûts de transport et d'assurance (fret et assurance correspondent à des services) du lieu de production en A jusqu'à la frontière de A, puis de celle-ci jusqu'à celle de F et enfin à l'intérieur de F jusqu'à l'acquéreur. Pour acheminer un produit exporté de F vers A, des dépenses analogues sont nécessaires. Ces dépenses peuvent être comprises ou non dans les prix, les transports et assurance pouvant en outre être fournis par un résident de A, un résident de F ou un tiers. Par souci de cohérence avec leur enregistrement dans la balance des paiements, la CN décide que IM et EX sont à valoriser FAB (franco à bord, c'est-à-dire à leur prix à la frontière du pays exportateur, c'est-à-dire frontière de A pour les IM de F et frontière de F pour ses EX). Dans les sources statistiques qui permettent de construire ces données, les EX sont mesurées FAB, mais les IM sont évaluées CAF (coût assurance fret, c'est-à-dire à leur prix à la frontière du pays importateur). Ce prix est donc supérieur à une évaluation FAB (c'est-à-dire à la frontière de A) puisqu'il inclut le coût de transport de la frontière de A à celle de F. Les comptables nationaux décident de conserver des évaluations CAF pour valoriser les IM d'un produit donné, mais ils introduisent globalement une correction CAF/FAB (1,4 % des IM en 2001) pour obtenir une valeur FAB de l'ensemble des IM. Nous décidons désormais d'ignorer ce problème car l'enjeu n'est pas à la hauteur des difficultés formelles à surmonter.

Récapitulons les différents prix retenus pour valoriser les ressources et les emplois d'un même produit. La P est au prix de base et les IM sont CAF. Tous les emplois sont aux prix d'acquisition. Dans ces conditions, l'équilibre des ressources et des emplois n'est plus vérifié parce que les emplois du produit sont mesurés à l'aide de prix unitaires plus élevés (ils comprennent des marges commerciales, des coûts de transport et des impôts qui ne figurent pas dans les prix qui ont servi à valoriser les ressources ; symétriquement, ils ne comprennent pas les subventions comptées dans le prix de base). Pour obtenir un équilibre, il faut introduire une correction pour tenir compte du fait que ressources et emplois ne sont pas mesurés avec le même étalon. On décide donc d'ajouter du côté des ressources des *marges commerciales* (MC) pour un montant égal à la somme des MC qui figurent dans chacun des différents emplois, des *marges de transport* (MT), égales aux frais de transport qui ne sont pas déjà compris dans le prix de base, les *impôts sur les produits* (IP) qui font partie des prix payés par les acquéreurs (donc pas la TVA déductible). Dans la même logique, on retranche les *subventions sur les produits* (SP) de la valeur des ressources puisqu'elles sont comptées dans le prix de base mais ne figurent évidemment pas dans les prix d'acquisition des ressources.

L'équilibre pour un produit s'écrit donc finalement : P + IM + MC + MT + IP – SP = CI + DC + FBCF + VS + EX. La partie gauche est appelée « ressources au prix d'acquisition ».

---

dans le cadre de ce livre, pas plus que l'histoire de la notion de P dans les différents systèmes de CN [Vanoli, 2002].

Dans le système actuel, la production est définie comme l'activité qui « combine des ressources en main-d'œuvre, capital et biens et services pour fabriquer des biens ou fournir des services », et comme le résultat de cette activité. Définition tellement générale qu'elle n'acquiert un sens que si on la précise en examinant les trois types qui constituent la production : production marchande (PM), production pour emploi final propre (PEFP), autre production non marchande (APNM).

Production marchande

Toujours évaluée au prix de base (voir l'encadré), c'est la « production écoulée ou destinée à être écoulée sur le marché » : produits vendus à un prix « économiquement significatif » (c'est-à-dire couvrant plus de 50 % des coûts, le prix pouvant être un péage, une redevance ou un droit) ou entrant dans les stocks du producteur (on fait comme s'il se les vendait à lui-même ; les produits en cours de fabrication font partie des stocks), ou cédés comme rémunération en nature, ou livrés à un autre établissement de la même société pour sa CI. La P « souterraine », « au noir », non déclarée notamment pour éviter impôts et cotisations sociales, est prise en compte par les comptables nationaux (évidemment, à partir de sources indirectes). Le SCN prévoit même l'évaluation des activités illégales (P et consommation interdites par la loi), mais le SEC a décidé de ne pas obtempérer. L'évaluation de la P marchande requiert quelques précisions pour le commerce et les services financiers.

• Les *services du commerce* sont mesurés par les marges commerciales (prix de vente moins prix d'achat). L'activité commerciale est donc productive, mais il n'existe pas de produit du commerce isolable puisque celui-ci est toujours indissolublement lié à un autre produit : les MC font partie de son prix d'acquisition (voir encadré p. 15) ; autrement dit, on ne peut pas acheter un produit à un commerçant sans payer de MC dans son prix et donc sans acheter implicitement un service du commerce.

• Les *services produits par les banques ou les institutions financières* en général sont très divers. Certains, comme l'utilisation des chèques, sont (encore provisoirement) gratuits et ne correspondent donc à aucune P mesurée. D'autres sont payés comme n'importe quel autre service (carte bancaire...) : les prix ou les commissions versés permettent de mesurer la P. Mais les banques, notamment, ont une activité spécifique d'intermédiation financière qui consiste à collecter (dépôts à vue, comptes sur livret...) et à répartir des liquidités (prêts, placements, prises de participation dans des sociétés...). La CN considère qu'il y a là une P de services d'intermédiation qu'elle appelle désormais *services d'intermédiation financière indirectement mesurés,* dont l'acronyme officiel est SIFIM. Cette P est considérée comme égale à la marge réalisée par les banques dans cette activité. Les SIFIM sont donc mesurés globalement par le total des revenus de la propriété reçus (intérêts, dividendes...) diminué des intérêts versés (les revenus reçus grâce à leurs fonds propres sont exclus puisqu'ils ne correspondent à aucune intermédiation). Que faire de ces SIFIM ? Car il s'agit d'une ressource, à laquelle il faut donc nécessairement trouver un emploi, ce qui n'est pas simple. On décide de les faire consommer globalement de façon intermédiaire par l'ensemble des producteurs, il s'agit donc d'une *CI non répartie* (ou non ventilée) entre les utilisateurs. Pour les SIFIM, l'égalité des ressources et des emplois s'écrit donc : P = CI (voir p. 62 une solution alternative pour l'emploi des SIFIM).

Production pour emploi final propre

Cette PEFP est une innovation de la CN. Représentant 5 % de la P totale, c'est une P destinée à la consommation finale ou à la FBCF de l'agent producteur ; 92 % sont imputables aux ménages en 2001. Elle recouvre la P de « services de logement » réalisée par les ménages qui occupent le logement dont ils sont propriétaires (lorsque le propriétaire loue à un tiers, la P de services de logement est mesurée par les loyers effectifs et fait partie de la P marchande). Cette P des propriétaires-occupants est mesurée par les *loyers imputés* (appelés jadis loyers fictifs), évalués en référence à ceux pratiqués sur le marché pour des logements équivalents ; ces loyers gonflent à la fois le revenu des ménages et leur consommation. On peut s'étonner d'une telle convention, mais elle renvoie à l'idée que la mesure de la P doit être indépendante du statut juridique de l'occupant : il ne faut pas que le PIB baisse lorsque la proportion des propriétaires de leur logement augmente.

Les ménages ont aussi une PEFP lorsqu'ils emploient du personnel domestique salarié. Les ménages (et non pas le personnel car, dans la CN, c'est toujours l'employeur qui produit, jamais le salarié) produisent alors des services (évalués par la somme des salaires versés) qui sont directement utilisés sans passage sur le marché comme DC des ménages. Du coup, le PIB baisse lorsque monsieur épouse sa femme de ménage, ou madame son chauffeur. La PEFP des ménages comprend enfin, notamment, leur P agricole autoconsommée (potagers…), ce qui ne représente presque plus rien dans notre société. La PEFP des sociétés et des administrations est inférieure à 1 % de leur P. (travail pr lui-même - + DC individuel.)

Autre production non marchande

11 % de la P totale. Elle est définie comme la P qui est « fournie à d'autres unités soit gratuitement, soit à un prix économiquement non significatif » (c'est-à-dire qui couvre moins de la moitié des coûts de P). L'appellation repose sur le fait que la PEFP n'est pas réellement marchande. Les services non marchands (SNM) recouvrent des services qui ne peuvent pas être vendus sur le marché

La nomenclature des branches et des produits

Une nomenclature part d'un ensemble de postes élémentaires. À chaque objet du champ d'étude doit correspondre un poste élémentaire et un seul. La nomenclature doit donc être universelle (couvrir l'ensemble du champ) et univoque (chaque objet ne doit pouvoir être mis que dans un poste). Elle doit par exemple déterminer des règles qui permettent de savoir si les chaussures en plastique doivent être dans le poste « chaussures » ou dans le poste « produits de la transformation des matières plastiques ». Le regroupement de certains postes élémentaires permet de passer à un niveau plus agrégé (moins détaillé) de la nomenclature qui est donc une suite de partitions sur un ensemble de postes élémentaires. Les choix opérés peuvent avoir des conséquences importantes. Par exemple, selon que les textiles artificiels et synthétiques sont classés dans « industrie textile » ou « industrie chimique », l'image donnée de l'industrie textile par les statistiques sera très différente, ce qui peut conduire à des politiques économiques différentes. Les critères de définition et de regroupement des postes ont historiquement varié. De 1788 à 1847, le classement des industries renvoyait à l'origine des matières premières utilisées (produits minéraux, végétaux, animaux). Ce que nous appelons aujourd'hui industrie textile était alors coupé entre les végétaux et les animaux (soie, laine). À partir de 1861, s'affirme nettement le critère de la destination des produits puis, en 1895, celui des techniques utilisées. Depuis quelques décennies, les regroupements sont opérés généralement en fonction de l'identité des processus de production et/ou des associations d'activités observées au sein des entreprises. Cela conduit, par exemple, à classer dans un même groupe les jouets en matière plastique et les jouets en d'autres matières.

Le passage au SCN 93 et au SEC 95 a été l'occasion d'un travail sans précédent de refonte et d'harmonisation des nomenclatures d'activités et de produits aux niveaux mondial (CITI 3 pour « classification internationale type par industrie » révision 3), européen (NACE pour « nomenclature d'activités économiques des communautés européennes ») et français. Partant de la NACE, les Français ont construit, par éclatement et/ou regroupement de certains postes, trois nomenclatures : la NAF (nomenclature d'activités française), la NES (nomenclature économique de synthèse, plus adaptée à l'analyse conjoncturelle) et la TES (du nom du tableau entrées-sorties) qui est la nomenclature de produits et d'activités de la CN (détails dans *Économie et Statistique*, n° 321-322, p. 16). Le changement de nomenclature est l'opération la plus coûteuse entreprise par les comptables nationaux à l'occasion de l'adoption du nouveau système.

La TES comprend cinq niveaux repérés par des lettres (mais l'habitude est plutôt de les désigner par des nombres) : H a 472 postes, G en a 118, F 41, E 16 et D seulement 5 (le tableau présente les 5 postes du niveau D et 14 des 16 du niveau E, « agriculture » correspondant à un seul poste du niveau E, « construction » également). Exemple, le poste du niveau D ou niveau 5, « services principalement marchands », est le regroupement de 6 postes du niveau 16 (E), dont « services aux particuliers » (somme de « hôtels et restaurants », « activités récréatives, culturelles et sportives » et « services personnels et domestiques » du niveau F) et « services aux entreprises » qui est lui-même l'agrégation de 4 postes du niveau 41 (F) : « postes et télécommunications », « conseils et assistance » (5 des 118 postes du niveau G), « services opérationnels » (4 postes en G : « location sans opérateur », « sélection et fourniture de personnel », « sécurité, nettoyage et divers », « assainissement, voirie, gestion des déchets »), « recherche et développement » (qui distingue entre marchand et non marchand au niveau 118).

Les postes énoncés dans cette énumération illustrent la première innovation de la nomenclature TES : en consacrant aux services 20 des 41 postes du niveau F et 43 des 118 postes du niveau G, elle prend acte de leur importance (plus de 70 % de l'emploi en France). Significatif aussi des évolutions économiques, le fait que l'opposition marchand/non marchand ne soit plus un élément essentiel du classement, certains postes pouvant contenir les deux (recherche-développement, éducation, santé...).

parce qu'ils sont indivisibles (défense, police, éclairage public...) et des services qui ne sont pas vendus (ou à un prix très faible) par volonté politique et/ou parce qu'ils sont à l'origine d'externalités positives (éducation, vaccination...). Faute de prix de marché, on évalue ces SNM par la somme de leurs coûts de production : rémunération des salariés (fonctionnaires...), produits utilisés comme CI pour produire ces services, impôts sur la production et montant de l'amortissement pour usure du matériel et des bâtiments (consommation de capital fixe).

VALEUR AJOUTÉE, FBCF
ET EMPLOI INTÉRIEUR PAR BRANCHE EN 2001*

	FBCF	*Emploi*	*Valeur ajoutée*
TOTAL	1 000	1 000	1 000
AGRICULTURE	34	44	29
INDUSTRIE :	146	172	207
— industries agro-alimentaires	*17*	*26*	*27*
— ind. des biens de consommation	*13*	*31*	*31*
— industrie automobile	*12*	*11*	*16*
— industries des biens d'équipement	*14*	*34*	*38*
— industries des biens intermédiaires	*57*	*61*	*68*
— énergie	*33*	*9*	*27*
CONSTRUCTION	14	65	48
SERVICES PRINCIPALEMENT MARCHANDS :	658	438	539
— commerce	*53*	*134*	*105*
— transports	*71*	*45*	*43*
— activités financières	*41*	*32*	*50*
— activités immobilières	*315*	*12*	*122*
— services aux entreprises	*130*	*144*	*160*
— services aux particuliers	*47*	*72*	*59*
SERVICES ADMINISTRÉS :	147	280	207
— éducation, santé, action sociale	*62*	*157*	*118*
— administration	*86*	*123*	*89*
Branche unité fictive (SIFIM)	—	—	- 31

* 2000 pour la FBCF.

En 2001, FBCF totale : 296 milliards d'euros. Emploi intérieur : équivalent temps plein : total : 23,046 millions. La VA totale est de 1 311 milliards d'euros.

Source : INSEE, Comptes nationaux, 2002.

La CN considère que les ressources constituées par ces SNM sont utilisées comme DC des ménages pour le montant de leurs paiements partiels (droit d'inscription à l'université, « ticket modérateur » relatif aux dépenses de santé...) et comme des DC des administrations pour le reste (DC individuelle ou DC collective, voir p. 56). Ces dernières sont ainsi censées consommer leur propre P. Toutefois, la CN n'en reste pas à cette analyse, ainsi que nous le verrons ultérieurement à propos de la distinction entre dépense de consommation finale et consommation finale effective (p. 52).

3. La valeur ajoutée

À la nomenclature des produits correspond une nomenclature des branches (à l'exception du commerce qui est une branche mais pas un produit, voir p. 17). Une branche est en effet le regroupement des unités de P homogène qui produisent le même bien ou le même service à partir des autres produits de la nomenclature. (Cette dernière précision est indispensable. Si la branche automobile, par exemple, était l'ensemble des unités qui produisent des automobiles, la définition serait trop extensive car il faudrait alors y inclure les unités qui produisent l'acier, l'énergie, le verre, etc., nécessaires à la P d'automobiles.) L'unité de P homogène est une notion purement analytique ; elle peut correspondre à une unité institutionnelle (par exemple, une entreprise) ou seulement à une partie de celle-ci. C'est ainsi que Renault (unité institutionnelle) est éclaté en unités de P homogène aussi nombreuses que le requiert la nomenclature compte tenu de la diversité de ses activités (machines-outils, bâtiments...).

La P d'une branche X est en principe identique à la valeur du produit X (exceptions, encadré p. 28). Mais la valeur produite par cette branche est inférieure à cette P. Curieux mais évident. Lorsque la branche X produit le bien X, la valeur de celui-ci contient la valeur de produits que la branche a utilisés sans les avoir produits. La valeur des automobiles produites contient par exemple la valeur de pneus, de verre, d'acier, d'énergie, etc., produits par d'autres branches (ce sont des CI pour la branche automobiles). La valeur réellement produite par la branche n'est donc pas celle des automobiles mais celle qu'elle a ajoutée par son activité aux différentes CI qu'elle a dû utiliser au cours du processus de P. Cette valeur qu'elle a ajoutée est... la valeur ajoutée (VA). *La VA de la branche est donc l'excédent de la valeur des biens ou services produits sur la valeur des biens et services intermédiaires consommés pour les produire.* Elle représente la valeur nouvelle créée au cours du processus de P. La VA de la branche est donc la différence entre la P de la branche et les CI utilisées par la branche (attention ! La branche a une VA mais le produit ne peut pas en avoir car il n'a pas d'activité...).

En fait, cette VA ne correspond pas exactement à l'apport productif de la branche... Plus précisément, cette VA est brute. Car, pour produire, la branche n'a pas seulement absorbé des CI ; elle a aussi usé des machines et des bâtiments. Bref, elle a consommé du capital fixe produit antérieurement par d'autres branches. Autrement dit, la mesure exacte de l'apport productif de la branche n'est pas la VA *brute* (c'est-à-dire P de la branche moins CI de la branche) mais celle-ci moins la consommation de capital fixe (CCF) : c'est la VA *nette*. La CCF est la dépréciation subie par le capital fixe pendant la période à cause de son usure ou de son obsolescence. Son évaluation repose sur des analyses et des hypothèses qui peuvent être un peu acrobatiques (comment estimer les durées de vie des ordinateurs ou des logiciels qui seront produits dans quelques années ?). Dans ces conditions, les différents soldes de la CN (comme la VA) sont traditionnellement présentés bruts (la nouvelle CN y ajoute aussi des soldes nets). Depuis 1978, la VA nette a été en moyenne inférieure de 15 % à la VA brute (206 milliards d'euros, soit 15,7 % en 2001). Lorsque nous ne le précisons pas, dans ce livre, la VA est brute.

Comme la VA mesure l'apport productif d'une branche, la sommes des VA de toutes les branches est insensible à la façon dont la nomenclature du niveau 472 découpe l'économie, ce qui n'est pas le cas de la somme des P des branches. Imaginons par exemple deux nomenclatures différentes A et B (la CN n'en a qu'une : la TES, voir encadré, p. 19). Dans la nomenclature A, automobiles et pneumatiques sont deux produits différents (donc produits par deux branches distinctes). La P d'automobiles est de 500 € réalisée grâce à des CI de 300 € dont 50 € de pneus. La VA de la branche auto est donc de 200 €. La P de pneus est de 250 € (dont 50 vendus à la branche automobiles) obtenue à partir de 80 de CI d'autres produits. La VA de la branche est donc de 170 € (250 – 80). La somme des VA des branches est en définitive de 370 € et la somme des P de 750 €. Supposons maintenant que, dans la nomenclature B, automobiles et pneumatiques sont regroupés dans un même poste, c'est-à-dire appartiennent à la même catégorie de produits (donc à la même branche) « autos et pneus ». Dans ce cas, la P n'est plus 750 mais 700 € puisque les biens produits par une unité pour elle-même ne rentrent pas dans la valeur de la P s'ils sont utilisés par la branche comme CI (il s'agit des 50 € de pneus que la branche pneus livrait à la branche autos de la nomenclature A ; ils sont maintenant produits et consommés par la même branche). Les CI de la branche sont donc de 330 : les 80 utilisés pour produire les pneus et les 250 (300 – 50) nécessaires aux autos. La VA est alors de

700 – 330 = 370, c'est-à-dire du même montant que la somme des VA des deux branches de la nomenclature A, alors que la P est de 700 dans un cas et de 750 dans l'autre.

4. Le PIB et l'équilibre des ressources et des emplois en biens et services

L'équilibre comptable des ressources et des emplois d'un produit s'écrit (voir p. 16) :

P + IM + MC + MT + IP – SP = CI + DC + FBCF + VS + EX.

Cet équilibre peut être écrit pour tous les produits de la nomenclature. Si l'on additionne membre à membre ces équilibres ressources-emplois, on obtient un équilibre général qui s'écrit exactement comme l'équilibre précédent, mais où P est maintenant la valeur de la production de tous les produits (elle est égale à la production des branches correspondantes — voir p. 21 — c'est-à-dire de toutes sauf la branche commerce — p. 17 — et la branche transport pour la partie correspondante aux MT, voir p. 16), où MC représente toutes les marges commerciales payées sur les produits par les acquéreurs, MT toutes les marges de transport, IM toutes les importations, etc. Comme la P de la branche commerce est mesurée par la somme des marges commerciales (p. 17), nous pouvons remplacer dans l'équilibre général la somme des marges par la P de la branche commerce ; par un raisonnement identique, nous pouvons remplacer les marges de transport par la P équivalente de la branche transport. Ces deux remplacements permettent de simplifier l'écriture de l'équilibre général de l'économie :

P + IM + IP – SP = CI + DC + FBCF + VS + EX

MC et MT ont disparu car P est maintenant la valeur de la production de toutes les branches y compris celles du commerce et du transport (somme de la P de tous les produits et de la P du commerce et du transport). Cet équilibre général des ressources et des emplois en produits doit se lire ainsi : les ressources sont les productions de toutes les branches et les importations (on ajoute à ces deux éléments les impôts sur les produits nets de subventions sur les produits parce qu'ils sont mesurés aux prix de base et que l'on souhaite les obtenir aux prix d'acquisition) ; ces ressources sont nécessairement égales à la somme de toutes les utilisations.

Toutefois, ce résultat n'est pas très intéressant... Car le total des P dépend du découpage de la nomenclature (p. 22) et, surtout, cet équilibre ne nous indique pas réellement de quelles quantités l'économie nationale dispose pour les différents emplois finals. Une partie des ressources est en effet utilisée pour produire ces mêmes ressources, c'est-à-dire absorbée par de la CI. Pour remédier à ces deux inconvénients, il suffit de retirer la CI de chacun des membres de l'équilibre ressources-emplois. Cela fait disparaître la CI du côté droit qui ne comprend donc plus que des emplois finals. Du côté des ressources apparaît la VA de l'économie puisque la P des branches diminuée de toutes les CI est égale à la somme des VA des branches. On peut donc écrire (entre parenthèses, ce que chaque élément représente en % du PIB en 2001) : VA (89,5) + IM (26,3) + IP (11,8) – SP (1,3) = DC (78,3) + FBCF (20,2) + VS (– 0,2) + EX (27,9).

La somme des VA est mesurée au prix de base (puisque la P l'est). La VA augmentée des IP nets des SP donne la VA au prix d'acquisition égale par définition au PIB (produit intérieur brut, *brut* parce que les VA sont brutes). Le PIB apparaît ainsi comme *la valeur, au prix du marché, des biens et services produits par des unités résidentes et disponibles pour des emplois finals.*

L'équilibre général ressources-emplois en produits s'écrit en définitive : PIB + IM = DC + FBCF + VS + EX. C'est la relation la plus synthétique entre les opérations sur biens et services d'une économie donnée. À ce titre, elle est un cadre commode pour présenter des prévisions économiques ou des comparaisons spatiales ou temporelles. La transformation de cette relation montre que le PIB est nécessairement la somme de la demande intérieure (DC + FBCF + VS) et du solde extérieur (EX – IM) puisque PIB = DC + FBCF + VS + EX – IM.

5. Le tableau des entrées-sorties, synthèse des opérations sur biens et services, et représentation du système productif

Le Tableau des entrées-sorties (TES) résulte de la juxtaposition de cinq tableaux (voir schéma p. 25). Il est publié dans les *Comptes de la nation* au niveau 16 de la nomenclature. Le TES est tout d'abord une présentation astucieuse des équilibres ressources-emplois pour chacun des produits :

P + IM + MC + MT + IP – SP = CI + DC + FBCF + VS + EX

(voir p. 16). Prenons l'exemple des produits industriels (n° 2 du TES, p. 27). Le tableau A reprend en ligne la partie gauche de l'égalité. La valeur des ressources au prix d'acquisition (1 023) est la somme de la production des produits (591) et des importations (233) auxquels on doit, pour passer du prix de base au prix d'acquisition (voir encadré p. 15), ajouter les marges commerciales (110) et de transport (16), ainsi que les impôts sur les produits (73), et dont il faut retrancher les subventions sur les produits reçues par les

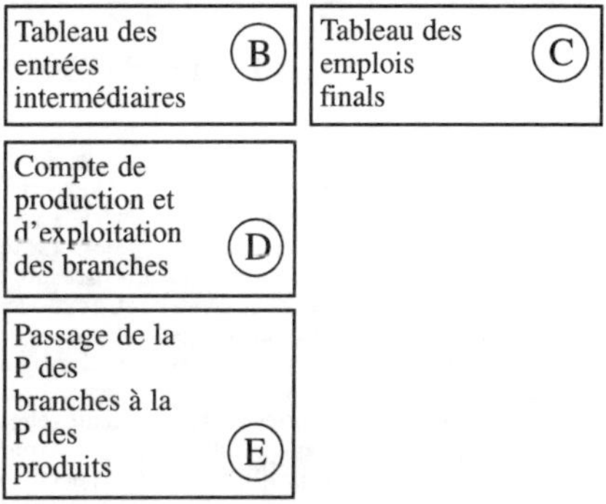

structure du TES

producteurs (1). La partie droite de l'équilibre ressources-emplois est en ligne dans les tableaux B et C. Dans le tableau C des emplois finals, se constate que les produits de l'industrie entrent dans les dépenses de consommation finale des ménages (265) et des administrations (12), servent à la FBCF (72) et à augmenter les stocks (8) ou sont exportés (226). La dernière colonne du tableau B des emplois intermédiaires nous dit que des produits de l'industrie ont aussi été absorbés comme consommation intermédiaire par d'autres producteurs (441). On a donc — heureusement ! — au total autant d'emplois que de ressources (265 + 12 + 72 + 8 + 226 + 441 = 1 024).

L'intérêt principal du TES n'est cependant pas de juxtaposer des équilibres ressources-emplois par produit, mais de décomposer la CI du produit. En ligne, le tableau B des entrées intermédiaires nous indique combien chaque branche utilise de chaque produit à titre de consommation intermédiaire. 441 de produits de l'industrie ont été utilisés comme CI : par l'agriculture (16), par l'industrie elle-même (287), par la construction (33), par les services principalement marchands (74) et par les services administrés (31). En ligne se lisent donc les débouchés des produits de l'industrie. Dans la colonne 2 du tableau des entrées intermédiaires, on constate que, pour produire, la branche industries a consommé de façon intermédiaire 23 de produits agricoles, 287 de produits industriels (lorsqu'une branche consomme ses propres produits, on parle d'intraconsommation), 4 de produits de la construction, 80 de services principalement marchands et 2 de services administrés. Au total, l'industrie a donc consommé pour 396 de produits de toutes les branches. Ce tableau fait apparaître à quel point les branches sont interdépendantes : la valeur des CI qu'elles

Lecture du TES

Le tableau des entrées-sorties ci-contre est une présentation simplifiée du TES de 2000. Toutes les cases sont exprimées en millièmes du PIB. La lettre « e » signifie que la valeur est inférieure à un demi-millième. En raison des ces « e » et des arrondis, un total peut ne pas correspondre à la somme exacte des éléments qui y concourent. Ce TES correspond au niveau 5 (ou D), le plus agrégé, de la nomenclature (voir encadré p. 19).

Sens des abréviations. Services p.m. : services principalement marchands. Services adm. : services administrés. Corr. terr. : correction territoriale. BUF : branche unité fictive. TPF + VR : fusion d'une ligne « transferts de produits fatals » et d'une ligne « ventes résiduelles ».

Voici quelques explications sur certains aspects de ce TES. Attention : le plus important est expliqué dans le cours du texte pages 24 et 25.

1. Dans le tableau des ressources en produits, la colonne IM (importations) est la fusion de trois colonnes : IM de biens, IM de services et correction CAF/FAB (voir p. 16).

2. On voit bien dans la colonne MC le résultat de ce qui a été expliqué à propos du commerce. L'existence de « – 119 » de MC sur la ligne services dénote la présence, dans cette ligne, de l'équilibre propre au commerce : P – MC = 0 (qui résulte de P = MC, voir p. 23). Comme on l'a expliqué page 23, la somme de la colonne est nulle. C'est pour des raisons analogues, expliquées page 16, que figurent des MT affectées du signe moins sur la ligne des services p.m. (les transports sont une partie de ces services).

3. Le « vrai » TES détaille beaucoup plus le tableau des emplois finals : six colonnes pour la DC (la distinction entre la DC individuelle des APU et leur DC collective est présentée p. 54 ; la DC des ISBLSM est intégrée ici à la DC individuelle des APU, voir p. 59) ; six colonnes pour la FBCF en fonction du secteur institutionnel qui investit ; une pour les « objets de valeur » (définis p. 13) qui interviennent pour 0,9 sur la ligne « industrie » et que nous avons intégrés ici à la VS.

4. La branche unité fictive (BUF) correspond à un artifice comptable. Comme les services d'intermédiation financière indirectement mesurés (SIFIM, voir p. 17), qui font partie des services principalement marchands, sont censés être consommés de façon intermédiaire par l'ensemble du système productif. Les SIFIM (ressource noyée ici dans la P des services p.m.) sont utilisées comme CI (25) par une branche fictive (BUF) qui représente l'ensemble des branches. Comme la P de cette BUF est évidemment nulle, sa VA est négative. Lorsque l'on additionne les VA des branches, la VA de la BUF diminue donc le total, ce qui était le but recherché (si l'ensemble des branches absorbe les SIFIM comme CI, l'ensemble de la VA doit diminuer).

5. La correction territoriale. Les importations (IM) des différents produits ne comprennent pas la consommation des résidents hors du territoire (touristes français à l'étranger) qui correspond pourtant bien à une IM puisqu'il s'agit d'achats de résidents à des non-résidents, c'est-à-dire au reste du monde. Pour en tenir compte, on augmente globalement les IMP (de 13). Symétriquement, des non-résidents ont consommé sur notre territoire ; pour la France, ce sont des exportations, mais il est impossible de les connaître produit par produit. On augmente donc globalement les EX (de 23). Dans la colonne DC des ménages, chaque ligne donne la DC pour un produit telle que les sources statistiques permettent de la reconstituer : il s'agit donc de consommation *sur le territoire*, alors qu'on s'intéresse à l'économie nationale, c'est-à-dire à la consommation *des résidents*. Pour passer de la première à la seconde, il faut retirer globalement de la DC sur le territoire ce qui a été consommé par des non-résidents (les 23 comptés comme EX supplémentaires) et ajouter la DC des résidents réalisée à l'extérieur du territoire (les 13 comptés comme IM supplémentaires). Bref, il faut

TABLEAU DES ENTRÉES-SORTIES AUX PRIX COURANTS, 2000

(PIB = 1 000)*

P	Imp	MC	MT	IP	SP	total
47	6	9	1	1	– 5	59
591	233	110	16	73	– 1	1 023
111				10		121
772	21	– 119	– 17	37	– 6	689
239					– 1	238
	13					13
1 760	272			122	– 13	2 141

branches ⇨ / produits ⇩	1	2	3	4	5	BUF	total
1. agriculture	8	23	1	1	1		33
2. industrie	16	287	33	74	31		441
3. construction	e	4	14	4	3		26
4. services p. m.	2	80	20	205	30	25	363
5. services adm.	e	2	e	2	1		5
corr. terr.							
total CI	27	395	68	287	67	25	868

CI	27	395	68	287	67	25	868
VA prix de base	26	191	42	473	185	– 25	892
P des branches	53	586	109	760	252		1 760

TPF + VR	– 6	5	1	12	– 13		0
P des produits	47	591	111	772	239		1 760

DC	DC	APU	FBCF	VS	EX
mén.	indiv.	coll.			
17			1	e	7
265	12		72	8	226
6			89		
240	14	5	36	e	30
25	120	87			
– 11					23
541	147	93	197	9	287

* 1 405 milliards d'euros. Comptes nationaux, 2001.

effectuer une correction de 13 moins 23, soit moins 11 (à cause des arrondis).

6. Sous le tableau des entrées intermédiaires, le premier tableau est celui des comptes de production et des comptes d'exploitation des branches. Seuls figurent ici les trois postes des comptes de production.

7. Le tableau du bas permet le passage de la production des branches (seule notion intéressante en colonne puisqu'on est dans une logique de branche) à la production des produits (indispensable pour les lignes qui présentent des équilibres ressources-emplois des produits). Normalement, la P de la branche X devrait être égale à la P du produit X puisqu'une branche est l'ensemble de toutes les unités (ou fractions d'unités) qui produisent le même produit. En réalité cette égalité n'est pas toujours vraie en raison des *transferts de produits fatals* et des *ventes résiduelles* (ligne TPF + VR).

8. Un produit fatal (exemple le gaz de cokerie) est celui dont la P est techniquement complètement liée à celle d'un autre produit (le coke), de telle sorte qu'on ne peut pas isoler ses coûts de production, donc définir une unité de production qu'on pourrait ajouter à la branche correspondante (branche gaz). La P de la branche coke comprend donc la valeur du gaz fatal, mais celle-ci ne peut évidemment faire partie de la valeur de la P du produit coke. On a donc : P du produit coke = P de la branche coke – valeur du gaz fatal. Symétriquement, la valeur du produit gaz est supérieure à celle de la P de la branche gaz puisqu'elle comprend la valeur du gaz fatal. On a donc ici : P du produit gaz = P de la branche gaz + valeur du gaz fatal. La valeur des produits fatals est retirée ou ajoutée à la P des branches sur la ligne « transferts de produits fatals » (ligne TPF) dont la somme est nulle puisque par définition la somme des P des branches égale la somme des P des produits.

9. Les « ventes résiduelles » (ligne VR) sont justiciables d'un raisonnement voisin. Il s'agit de certains biens ou services produits et vendus par les administrations dans des conditions telles qu'on ne peut isoler leurs coûts de ceux d'autres produits (la fatalité n'est plus technique mais comptable...). Exemple : les polycopiés vendus par une université aux étudiants font partie de la production de la branche éducation mais sont un produit de l'édition. On les retire de la valeur de la P de la branche services administrés (qui est donc nécessairement supérieure à celle de la P des produits services administrés, *cf.* 252 et 239 dans le TES) pour la transférer dans la valeur de la P des produits de l'édition (qui est donc supérieure à celle de la branche édition). La ligne VR qui retrace ces transferts a donc une somme également toujours nulle.

10. La signification de la distinction entre DC individuelle des APU et DC collective des APU est expliquée p. 54.

---

absorbent — 868 — correspond à la moitié de la valeur de leur production.

Le tableau D propose les comptes de production et d'exploitation des branches dont nous étudierons ultérieurement la structure. On n'a reproduit ici que le compte de production. Pour la branche industrie, il annonce que la VA est de 191, excédent de la P de la branche (586) par rapport à sa CI (395). Le tableau E, enfin, est là pour permettre de passer de la P de la branche à la P des produits, ces deux P différant pour des raisons exposées dans l'encadré. La dernière ligne du tableau E est la même que la première colonne du tableau A. La boucle est bouclée.

Le cœur du TES est évidemment le tableau des entrées intermédiaires (B) : il représente le *système productif* comme un ensemble de branches se livrant mutuellement des CI. C'est une représentation très riche puisqu'elle met bien en évidence l'interdépendance entre les branches ; mais cette représentation est aussi très limitée et bien particulière : l'analyse de la production est réduite à celle de certaines des relations marchandes qui la conditionnent (rien sur l'emploi, les qualifications, etc.), et les sujets du processus sont censés être les branches, c'est-à-dire des réalités analytiques dont la consistance est principalement technique. Le TES, malgré (ou à cause de) sa simplicité, est un instrument extrêmement fructueux.

6. Les utilisations du tableau des entrées-sorties

Les premiers TES, appelés tableaux *input-output*, ont été inventés dans les années trente par Wassili Leontief, un économiste américain d'origine russe, qui les utilisa d'abord pour analyser l'évolution de l'économie américaine (*The Structure of the American Economy, 1919-1929. An Empirical Application of Equilibrium Analysis*, Harvard UP, 1941), ensuite pour la prévision et la simulation.

Le TES permet en premier lieu une description de l'interdépendance entre les branches à l'aide de *coefficients technico-économiques*. Dans le tableau des entrées intermédiaires, l'intersection de la ligne 2 et de la colonne 1 indique que la branche « agriculture » absorbe 16 de produits industriels comme CI. Le quotient de cette CI par la production de la branche « agriculture » (53, dernière ligne du tableau D) indique que l'agriculture a consommé en moyenne 30 centimes de produits industriels pour produire 1 euro de produits agricoles (16 : 53 = 0,30). 0,30 est le coefficient d'entrée des produits industriels dans la branche « agriculture » (coefficient technique d'entrée). Des coefficients analogues peuvent être calculés pour chacune des cases du tableau des entrées intermédiaires. Leur ensemble constitue la *matrice structurelle* de l'économie.

L'évolution d'un coefficient technique ne dépend pas seulement de celle des techniques utilisées par la branche et de la déformation des prix relatifs, mais aussi des rendements d'échelle (constants si la quantité de CI utilisée est strictement proportionnelle à la quantité produite par la branche utilisatrice) et des changements dans la structure de la branche (car le coefficient d'une branche est la moyenne des coefficients des sous-branches qui la composent, pondérée par leur importance respective).

Si le TES permet une description des structures économiques et de leurs évolutions, il est cependant principalement utilisé pour la prévision, la planification et la simulation économiques. On présentera le principe de ces utilisations à partir de l'exemple simplifié d'une économie à deux branches A et B (donc deux produits) sans relations avec le reste du monde. Les coefficients techniques seront supposés constants au cours du temps (hypothèse de Leontief).

Dans une telle économie, la P de la branche A (P_a) est égale à la somme des emplois du produit A ; emplois finals (EF_a), c'est-à-dire produit A utilisé pour la DC, la FBCF et la VS, et CI du produit A absorbée par la branche A (CI_{aa}) et par la branche B (CI_{ab}). Il en est de même pour la P de la branche B. On peut donc résumer ainsi l'équilibre de cette économie : $P_a = CI_{aa} + CI_{ab} + EF_a$ et $P_b = CI_{ba} + CI_{bb} + EF_b$. Comme il existe une relation fixe — hypothèse de Leontief — entre la CI d'un produit par une branche et la P de cette branche (c'est le coefficient technique), ces égalités peuvent s'écrire : $P_a = 0{,}1\ P_a + 0{,}25\ P_b + EF_a$ et $P_b = 0{,}3\ P_a + 0{,}15\ P_b + EF_b$. L'interdépendance des deux branches apparaît ici dans un système de deux équations à quatre inconnues (P_a, P_b, EF_a et EF_b). Ce système permet de calculer les EF si l'on connaît les P, ou les P si l'on se donne les EF*.

Branches / *Produits*	*A*	*B*	*Total des CI*	*Emplois finals*	*Total des emplois*
A	20 (0,1)	75 (0,25)	95	105	200
B	60 (0,3)	45 (0,15)	105	195	300
Total des CI	80	120	200	300	500
VA	120	180	300		
Production (total des ressources)	200	300	500		

(En milliards d'euros ; entre parenthèses, les coefficients techniques.)

Imaginons que notre économie simplifiée connaisse des contraintes sur les capacités de P : P_a ne peut pas dépasser 220 et P_b 350. De combien les emplois finals (DC, FBCF, VS) pourraient-ils alors augmenter ? La hausse de 20 de P_a requiert que la branche A absorbe des CI supplémentaires : 2 en produit A ($0{,}1 \times 20 = 2$) et 6 en produit B ($0{,}3 \times 20 = 6$). Pour augmenter sa P de 50, la branche B doit accroître les CI qu'elle absorbe. De 12,5 pour le produit A ($0{,}25 \times 50 = 12{,}5$) et de 7,5 pour le produit B

* Dans une économie à n branches, on a : $A X + Y = X$, où A est la matrice des coefficients techniques (matrice structurelle), X le vecteur des productions et Y celui des emplois finals. Si I est la matrice unité, on a $[I - A] X = Y$ (relation de Leontief qui permet de calculer Y si l'on se donne X) et $[I - A]^{-1} Y = X$ (qui permet de calculer X si l'on se donne Y). Sur le modèle de Leontief, voir Guerrien [2002].

(0,15 × 50 = 7,5). Finalement c'est seulement 20 – 2 – 12,5 = 5,5 qui seront disponibles pour augmenter les emplois finals du produit A (EF_a) et 50 – 6 – 7,5 = 36,5 pour accroître les EF_b.

Imaginons maintenant que le planificateur ait l'intention d'augmenter EF_a de 10 et EF_b de 20. De combien les branches A et B doivent-elles accroître leur P pour permettre la réalisation de ces objectifs ? Il faut au moins augmenter P_a de 10 et P_b de 20, mais cela est insuffisant. Car l'accroissement de la P n'est pas entièrement disponible pour les EF, mais doit aussi être consacré à la CI des branches. Pour augmenter P_a de 10, la branche A doit absorber comme CI 1 de produit A (0,1 × 10) et 3 de produit B (0,3 × 10). De même la hausse de 20 de P_b n'est possible que si la branche B augmente ses CI de 5 en produit A (0,25 × 20 = 5) et de 3 en produit B (0,15 × 20 = 3). Autrement dit, la CI de produit A augmente de 1 à cause de la hausse de P_a et de 5 à cause de celle de P_b. Soit un total de 6. On peut écrire $\Delta_1 CI_a = (0,1 \times 10) + (0,25 \times 20) = 6$. Quant à la CI du produit B, elle doit s'élever de $\Delta_1 CI_b = (0,3 \times 10) + (0,15 \times 20) = 6$.

Récapitulons. Pour permettre une hausse de EF_a de 10 et de EF_b de 20, les branches A et B doivent augmenter leur P de 10 et de 20. Cela induit des besoins de CI de 6 pour le produit A et de 6 pour le produit B. Pour satisfaire ces besoins, il faut augmenter à nouveau P_a de 6 et P_b de 6. Mais ces hausses supplémentaires de la P requièrent elles-mêmes de nouvelles CI de produits par les branches. $\Delta_2 CI_a = (0,1 \times 6) + (0,25 \times 6) = 2,1$ et $\Delta_2 CI_b = (0,3 \times 6) + (0,15 \times 6) = 2,7$. Ces nouvelles CI requièrent elles-mêmes une nouvelle vague d'accroissement des P : 2,1 pour la branche A et 2,7 pour la branche B. Ce qui nécessite des CI supplémentaires. $\Delta_3 CI_a = (0,1 \times 2,1) + (0,25 \times 2,7) = 0,885$ et $\Delta_3 CI_b = (0,3 \times 2,1) + (0,15 \times 2,7) = 1,035$. Etc. L'itération conduit évidemment à des accroissements supplémentaires de plus en plus faibles. Si l'on arrête le calcul après $\Delta_4 CI_a$ et $\Delta_4 CI_b$, on obtient 19,33 pour l'accroissement de P_a (10 pour la hausse désirée de EF_a, 9,33 pour les CI supplémentaires induites par les accroissements de EF_a et EF_b) et 30,16 pour celui de P_b.

Les solutions du problème peuvent évidemment directement être trouvées en résolvant les deux équations de la p. 31 (on trouve 19,565 et 30,435) ; mais la méthode par itération permet de suivre pas à pas les conditions nécessaires à la satisfaction de l'accroissement des demandes finales (la méthode est également plus rapide lorsque l'économie a plus de deux branches). C'est en utilisant une telle méthode que Leontief montra à l'aide d'un TES à 42 branches (agrégées en 12 pour simplifier les calculs) que l'industrie américaine de l'acier, assimilée alors à une industrie de guerre, non seulement ne serait pas en état de surproduction après la Seconde Guerre mondiale, mais au contraire ne parviendrait pas à répondre aux demandes directes ou indirectes suscitées par la reconversion de l'économie américaine (notamment redémarrage de la construction de logements).

Dans certains cas, le TES est un instrument intéressant pour aller au-delà des apparences dans la description de l'économie nationale. Il permet ainsi de calculer les contenus réels en importations de chacun des emplois finals. Prenons l'exemple de la DC des ménages. Celle-ci comprend des produits importés ; la somme de ceux-ci constitue le *contenu direct en importations* de cette DC. Le reste de la consommation des ménages est constitué de biens et services produits sur le territoire, mais presque tous sont directement ou indirectement obtenus à partir de produits importés : la P d'une branche requiert des CI dont certaines sont importées et dont d'autres ont été produites par des branches qui utilisaient des CI importées, etc. Parce qu'il décrit les interdépendances entre les branches, le TES permet de calculer ces *contenus indirects en importations*. La somme des contenus directs et indirects donne le *contenu total en importations* calculable pour chacun des emplois finals, y compris les exportations. En 1989, le contenu total en importations des exportations s'élevait à 23 % des exportations et celui de la consommation des ménages était de 18,3 %. Nettement moins que le contenu total en importations de la FBCF totale (28,4 %) et surtout que celui de la FBCF des seules entreprises non financières (37 %). Ce contenu atteignait 56 % pour les biens d'équipement professionnel et 58 % pour le matériel de transport terrestre (*cf.* M. Barge, V. Moyne, « Quelles utilisations pour nos importations ? » *INSEE Première*, janvier 1991, n° 120).

Le TES joue un rôle essentiel dans les simulations économiques ; il permet d'étudier les effets directs et indirects, branche par branche, produit par produit, sur les prix et sur les quantités, d'événements subis ou voulus : variation du prix de l'énergie, des salaires, dépréciation monétaire, etc. La plupart des modèles économiques intègrent aujourd'hui des TES plus ou moins détaillés.

Mais les grands modèles contemporains ne reposent pas seulement sur le TES ; ils prennent aussi en considération le comportement des agents économiques dont la représentation est un des objectifs essentiels de l'approche par les revenus.

II / L'approche par les revenus : présentation générale et application au cas des sociétés

Il ne s'agit plus maintenant de donner une image de l'économie comme *système productif dont les sujets sont les branches*, mais de la représenter sous la forme d'un *circuit économique* mettant en œuvre l'ensemble des opérations non financières (opérations sur biens et services, opérations de répartition) et des opérations financières entre les différents agents économiques. Comme il est évidemment exclu d'élaborer des comptes pour chaque agent, on les regroupe en catégories appelées secteurs institutionnels (SI). Les SI sont des regroupements d'unités institutionnelles définies comme *centres élémentaires de décision économique* qui jouissent en principe d'une autonomie de décision dans l'exercice de leur fonction principale. Les unités dont le comportement est analogue forment un SI. Le comportement s'apprécie d'après la fonction principale (pour les sociétés non financières, par exemple, produire des biens et services marchands non financiers), la nature et l'origine des ressources principales (pour les sociétés, le résultat de la vente). On précisera ces comportements, le contenu et la délimitation des SI au fur et à mesure de la présentation des comptes des SI : sociétés non financières (SNF), ménages (y compris entreprises individuelles), administrations publiques, institutions financières, institutions sans but lucratif au service des ménages (ISBLSM). On présentera aussi le reste du monde, qui regroupe les unités non résidentes dans la mesure où elles ont des relations économiques avec les SI résidents (c'est-à-dire avec l'économie nationale).

Pour retracer toutes les opérations économiques d'un SI, la CN les regroupe dans des comptes que le nouveau système classe dans trois catégories :
— les *comptes courants* traitent de la production, de la formation et de l'utilisation du revenu pendant une période ;
— les *comptes d'accumulation* permettent de présenter tout ce qui, pendant la période, a fait varier les actifs (c'est-à-dire ce que

possède le SI) et les passifs (les dettes du SI) et la variation de la *valeur nette* du SI, c'est-à-dire de sa richesse (la valeur nette est la valeur des actifs détenus moins celle des passifs) ; ils comprennent le compte de capital, le compte financier, le compte des « autres changements de volume » et le compte de réévaluation ;
— les *comptes de patrimoine*, enfin, décrivent à un moment donné (début et fin de la période) les stocks d'actifs et de passifs, ainsi que le niveau de la valeur nette.

Les comptes financiers sont présentés surtout au chapitre IV, ainsi que les comptes de patrimoine et les deux derniers comptes d'accumulation. Les autres comptes vont l'être maintenant à propos des sociétés puis des autres SI, mais quelques conventions comptables doivent être d'abord précisées.

1. Conventions comptables

Les opérations non financières (sur produits, de répartition) s'écrivent dans des comptes en T. Lorsque l'opération se traduit par une sortie de monnaie, elle est inscrite en emplois (à gauche) ; si elle correspond à une entrée de monnaie, on l'écrit en ressources (à droite). Si les sociétés versent par exemple 700 € de salaires aux ménages qui leur achètent par ailleurs 400 € de produits, on aura donc :

Sociétés	
Emplois	*Ressources*
Salaires : 700	Vente de produits : 400

Ménages	
Emplois	*Ressources*
Achats de produits : 400	Salaires : 700

Pour les opérations financières, cette convention est possible mais elle provoquerait une perte d'information. Une ressource financière peut être obtenue, par exemple, soit par un emprunt, soit par le recouvrement d'un prêt accordé au cours d'une période précédente. Si une banque emprunte 200 aux ménages et se fait rembourser (recouvrement) 150 par les sociétés, le compte financier de la banque (c'est le compte qui retrace les opérations financières) serait alors le compte A.

Compte A	
Emplois	*Ressources*
	Emprunt : 200 Recouvrement : 150

Compte B	
Variation de créances	*Variation de dettes*
Recouvrement : – 150	Emprunt : 200

Dans le compte A apparaissent du même côté deux opérations dont la nature est très différente. L'emprunt augmente les dettes de la banque (il lui faudra le rembourser ultérieurement), le recouvrement diminue les créances qu'elle détient sur d'autres agents (elle est quitte). Autrement dit, ces opérations n'ont pas seulement procuré des ressources financières à la banque (de la monnaie en l'occurrence), elles ont aussi modifié son patrimoine financier, c'est-à-dire ses stocks de créances et de dettes. Pour ne pas perdre cette information, on décide de ne pas écrire les opérations financières (donc les comptes financiers) en emplois-ressources, mais en variation de créances (à gauche) et de dettes (à droite) comme dans le compte B [1] : l'emprunt augmente les dettes (variation positive de dettes), le recouvrement diminue les créances (variation négative). Ces considérations permettent d'introduire la notion de parties doubles et d'indiquer comment la CN s'en affranchit partiellement.

Le principe de l'écriture en parties doubles, traditionnel en comptabilité [Capron, 1993], repose sur des écritures symétriques qui permettent de présenter à tout moment une situation équilibrée pour chaque agent. Si les ménages reçoivent des sociétés 700 en salaires, leur achètent pour 400 de produits et leur prêtent 200, on aura :

Comptes non financiers			
Sociétés		*Ménages*	
Emplois	*Ressources*	*Emplois*	*Ressources*
Salaires : 700 (a)	Ventes : 400 (b) Besoin de financement : 300	Achats : 400 (b) Capacité de financement : 300	Salaires : 700 (a)
Total : 700	*Total : 700*	*Total : 700*	*Total : 700*

Les salaires sont un emploi pour les sociétés et une ressource pour les ménages (écritures *a*). Leur versement se traduit par une contrepartie financière (écritures *a'*) : diminution du stock de monnaie détenu par les sociétés (variation de créances) et accroissement du stock de monnaie détenu par les ménages (variation de créances).

1. Un droit financier est une créance si on le considère du point de vue de son titulaire (le créancier). C'est une dette si l'on adopte le point de vue de l'obligé (le débiteur). Ainsi, un crédit est une créance pour le prêteur et une dette pour l'emprunteur ; un dépôt à vue (monnaie) dans une banque est une créance pour le titulaire du compte mais une dette pour la banque puisque à tout moment elle peut être tenue de rembourser le dépôt de son client (créancier), soit en virant la somme déposée au compte d'un autre agent, soit en remettant des billets à son client.

COMPTES FINANCIERS			
Sociétés		*Ménages*	
Variation de créances	*Variation de dettes*	*Variation de créances*	*Variation de dettes*
Monnaie : (a') – 700 (b') + 400 (c') + 200 Besoin de financement : + 300	Emprunt : 200 (c)	Monnaie : (a') + 700 (b') – 400 (c') – 200 Prêt (c) + 200	Capacité de financement : 300
Total : 200	*Total : 200*	*Total : 300*	*Total : 300*

Le crédit consenti par les ménages augmente le stock de créances des ménages et le stock de dettes des sociétés (écritures *c*). Il se traduit par une sortie de monnaie pour les ménages et par une entrée pour les sociétés (écritures *c'*).

On constate que les comptes de chaque unité sont globalement équilibrés pour chaque opération : par exemple, les salaires reçus par les ménages augmentent du même montant leurs ressources (écritures *a* à droite) et leurs créances (*a'* à gauche). En revanche, chaque opération déséquilibre chacun des deux comptes de l'unité : les salaires augmentent les ressources du compte non financier des ménages, mais pas ses emplois, et leur contrepartie monétaire déséquilibre le compte financier du même montant. Par construction, le solde du compte non financier (appelé ici capacité ou besoin de financement selon que la différence entre ressources et emplois est positive ou négative) est du même montant que celui du compte financier (mais de sens contraire). À noter aussi qu'une opération qui augmente le solde du compte non financier d'un agent (les salaires reçus par les ménages augmentent leur capacité de financement) modifie en sens contraire le solde du compte non financier d'un autre (les salaires versés par les sociétés accroissent leur besoin de financement) ; cela est logique puisque l'opération qui est ressource pour l'un est nécessairement emploi pour l'autre. La même logique prévaut dans les comptes financiers puisque l'opération financière qui augmente les créances de l'un augmente nécessairement les dettes d'un autre (ou diminue ses créances). Se déduit de ces remarques un équilibre comptable fondamental : *la somme des capacités de financement des uns est nécessairement égale à la somme des besoins de financement des autres*.

En pratique, ce système de parties doubles à quatre écritures par opération n'est guère praticable. Par exemple, on ne sait en général pas si la contrepartie d'un achat est un paiement par chèque ou un crédit. Plus fondamentalement, les comptes nationaux ne sont pas obtenus par agrégation de comptabilités individuelles. Répétons-le : *la CN n'est pas une comptabilité, mais la présentation d'informations d'origines très diverses dans un cadre comptable.* Les comptes financiers en particulier sont construits à partir de sources qui ne permettent pas de repérer toutes les variations de créances ou de dettes, mais seulement — ce qui est suffisant pour l'analyse — leurs sommes algébriques. On les écrit donc ainsi, c'est-à-dire en variation nette. Le nouveau système change les appellations traditionnelles. À gauche, désormais, on parle de « variations d'actifs » et à droite de « variations de passifs ». Les comptes financiers de l'exemple précédent deviennent ainsi :

Sociétés	
Variation d'actifs	*Variation de passifs*
Monnaie − 100 (a' + b' +c') Besoin de financement 300	Emprunt 200
Total : 200	*Total : 200*

Ménages	
Variation d'actifs	*Variation de passifs*
Monnaie + 100 (a' + b' + c') Prêt 200	Capacité de financement 300
Total : 300	*Total : 300*

Cette pratique laisse intacts les équilibres comptables *constatés* à la fin de la période : équilibre global des comptes d'un agent, égalité des soldes de ses comptes non financier et financier, égalité de la somme des capacités et de la somme des besoins de financement de l'ensemble des agents, égalité pour chaque opération des ressources et des emplois (les salaires reçus sont égaux aux salaires versés) ou des flux nets de créances et des flux nets de dettes (la somme des prêts égale la somme des emprunts).

Ce qui précède a montré l'intérêt de la distinction entre le compte financier, qui retrace les seules opérations financières, et le compte non financier où s'inscrivent les autres. Ces dernières sont très hétérogènes ; les laisser toutes dans le même compte ne serait guère utile à l'analyse. On éclate donc le compte non financier en plusieurs comptes dont chacun regroupe (en théorie) des opérations de même nature ou remplissant la même fonction. Le découpage de ces comptes est choisi de telle sorte que la différence entre les ressources et les emplois de chacun d'entre eux fasse apparaître un solde significatif pour l'analyse économique. Pour mémoriser les six premiers, il est possible de penser à PERRUC. Les comptes de production (P), d'exploitation (E), d'affectation des revenus primaires (premier R) et de distribution secondaire du revenu (deuxième R) montrent comment se constitue le revenu disponible des secteurs. Le compte d'utilisation du revenu (U) et le compte de capital (C) montrent comment ce revenu est utilisé. La définition et le contenu de ces comptes seront précisés au fur et à mesure de la présentation des comptes des différents SI.

2. Les sociétés non financières

Le SI des SNF regroupe des unités institutionnelles dont la fonction principale est de produire des biens et services non financiers marchands, c'est-à-dire dont le prix est économiquement significatif. Si le prix de vente couvre moins de 50 % des coûts de P, l'unité est classée dans le SI des administrations publiques (APU).

Le secteur comprend surtout des entités qui ont une personnalité juridique propre, mais leurs statuts peuvent être très différents : société anonyme, société coopérative, établissement public à caractère industriel et commercial, association (notamment toutes les associations sans but lucratif qui produisent des services pour les entreprises : centres interprofessionnels, ordre des architectes...), etc. Les SNF comprennent aussi des quasi-sociétés, c'est-à-dire des unités qui n'ont pas de personnalité juridique propre, mais disposent d'une comptabilité séparée. Parmi ces quasi-sociétés figurent, par exemple, des succursales, bureaux de vente, chantiers durant plus d'un an, de sociétés dont le siège est à l'étranger (ces quasi-sociétés sont considérées comme des unités résidentes fictives), mais aussi des unités qui sont juridiquement des morceaux d'administrations (leur personnalité juridique est celle de l'État), comme la Régie des alcools.

En revanche, les SNF ne comprennent pas les entreprises individuelles, c'est-à-dire celles dont la personnalité juridique n'est pas distincte de celle de l'entrepreneur (ces entreprises peuvent employer plusieurs salariés). Parce qu'on ne peut pas distinguer entre le patrimoine de l'entreprise et celui du ménage dont fait partie l'entrepreneur, on rattache ces entreprises individuelles au SI des ménages.

L'ancienne CN distinguait à l'intérieur des sociétés un sous-secteur qui regroupait les huit « grandes entreprises nationales » (GEN), c'est-à-dire celles qui étaient contrôlées par l'État et avaient une position de monopole dans un domaine considéré comme stratégique (charbonnages, EDF, GDF, SNCF, Air France, Air Inter, RATP et PTT). Les privatisations et les évolutions des statuts et des règles de la concurrence en Europe ont réduit l'intérêt de cette distinction. Le nouveau système propose une subdivision des SNF en trois sous-secteurs selon la nature du contrôle exercé (dans les sociétés par actions, le contrôle est notamment défini par la détention de plus de la moitié des droits de vote) : *SNF publiques* (contrôlées par une APU), *SNF privées nationales* (contrôlées ni par une APU ni par une unité non résidente) et les *SNF sous contrôle étranger* (contrôlées par une unité institutionnelle non résidente). On ne sait pas encore quand l'INSEE mettra en œuvre cette intéressante distinction.

Une seconde subdivision des SNF, plus traditionnelle, les classe en fonction de leur activité principale. Les économistes opposent la notion de branche et celle de secteur d'activité. Une société ne peut appartenir qu'à un seul secteur, celui de son activité principale (celle dont la VA est la plus importante dans celle de l'unité), mais elle fait souvent partie de plusieurs branches parce qu'il est rare qu'elle ne produise qu'un seul produit (ainsi une firme peut être classée dans le secteur automobile et — après découpage — dans les branches automobile, biens d'équipement professionnel, construction, etc.). Les données par branche se prêtent aux études sur les marchés de produits ou aux analyses *input-output* (TES, voir p. 29) ; elles couvrent l'ensemble des unités productives du pays et pas seulement les SNF. Les données par secteur (par sous-secteur d'activité, dit la CN pour éviter la confusion avec la notion de secteur institutionnel) facilitent les études de comportement en matière d'investissement, de financement, de politique salariale, etc. ; elles ne couvrent que les SNF.

La formation du revenu des SNF

En 2001, les SNF ont eu une VA de quelque 765 milliards d'euros, soit 60 % de la VA des SI. On exprimera la valeur de leurs opérations en référence à leur VA posée égale à 100 (le point vaut donc 7,65 milliards d'euros).

Le premier des comptes courants des SNF est le *compte de production* (voir les comptes des SNF p. 42). Leurs seules ressources (à droite du compte) sont ce qu'elles ont produit : production marchande et production pour emploi final propre (PEFP, voir p. 18). Cette P de 237,4 est évaluée au prix de base (donc hors impôts sur les produits mais avec les autres impôts sur la production, et avec les subventions sur les produits mais pas les subventions d'exploitation ; si cette parenthèse ne vous semble pas évidente, retournez p. 15). Pour produire, les SNF ont employé (absorbé) 137,4 de CI diverses. Leur apport à l'économie est donc la différence, c'est-à-dire le solde du compte (différence entre les ressources et les emplois qu'on écrit du côté des emplois pour équilibrer le compte). Ce solde est la valeur ajoutée brute (les soldes sont aussi publiés nets, voir p. 22). La VA est le bon indicateur de l'activité des SNF, contrairement au chiffre d'affaires (somme des ventes) qui est un critère souvent mis en avant dans la presse ou par les managers (à chiffre d'affaires identique, deux sociétés peuvent avoir des CI très différentes). Le TES (p. 27) montre que le poids de la VA dans la P (notion proche du chiffre d'affaires) est en moyenne de 33 % dans l'industrie (28 % pour la VA nette), de 39 % dans la construction et de 62 % dans les services marchands.

La VA est une ressource pour les SNF. Elle leur permet de distribuer des revenus et, si elles parviennent à en conserver, d'augmenter leur richesse.

Le compte suivant reprend donc la VA du côté droit (remarque : comme on a ajouté la VA du côté gauche dans le compte précédent, le fait de l'ajouter du côté droit dans le compte suivant permet de rétablir l'équilibre entre les deux côtés des comptes ; les soldes suivants seront pareillement l'objet d'un tel *report*). Dans ce *compte d'exploitation* sont retracées toutes les charges *directement* liées à l'obtention de la VA : 64,7 de *rémunération des salariés* (ce que coûtent au total les salariés, détails p. 50) et, compte tenu de la définition du prix de base, 4,6 pour les *autres impôts sur la production*. Les impôts sur les produits ont déjà été retirés pour calculer la production au prix de base (encadré page 15). On lit aussi du côté des emplois « – 0,8 » en *subventions d'exploitation* (les subventions sur les produits font partie du prix de base) ; il s'agit naturellement d'une ressource (on devrait donc l'écrire à droite avec le signe plus), mais la CN préfère l'écrire comme une diminution de charge (un emploi négatif…) pour que la VA apparaisse comme la seule ressource du compte. La CN est une représentation de l'économie nationale, avons-nous écrit dans l'introduction de ce livre ; on constate ici que c'est aussi au sens de mise en scène… Le solde du compte d'exploitation (31,6) s'appelle tout simplement l'excédent brut d'exploitation (EBE). C'est un indicateur du profit (brut) obtenu par les SNF dans leur activité de production.

L'EBE est le principal revenu primaire reçu par les SNF ; ce n'est pas le seul. Les revenus primaires d'un agent économique sont ceux dont il dispose du fait de sa participation directe à la production et des revenus de la propriété qu'il perçoit. Ils sont dits primaires parce qu'ils sont définis avant tout prélèvement fiscal direct et/ou social (social si l'agent est un ménage : cotisations sociales) et toute redistribution. Le *compte d'affectation des revenus primaires* décrit comment se constitue précisément le revenu primaire des SNF. Les *revenus de la propriété* sont ceux qui sont versés aux propriétaires d'actifs financiers (dividendes pour les actions, intérêts pour les prêts…) et d'*actifs corporels non produits* (les loyers des terrains, mais pas ceux des logements — actifs corporels produits — qui sont considérés comme le paiement d'un service et ne figurent donc pas parmi les revenus de la propriété mais dans la valeur de la production). Ces revenus de la propriété peuvent être aussi bien des ressources que des emplois des SNF ; elles peuvent en effet à la fois recevoir des revenus distribués des sociétés (dividendes pour les actions qu'elles possèdent, etc.) et en verser, notamment à leurs propres actionnaires ; elles peuvent recevoir des intérêts (2,7) parce qu'elles ont prêté à d'autres et verser des intérêts (8,9) à leurs créanciers. Ces flux ne sont pas tous faciles à interpréter parce que les mêmes dividendes (ou les mêmes intérêts) peuvent figurer des deux côtés (on dit que les comptes ne sont pas *consolidés*) : si, par exemple, une filiale F verse 5 millions d'euros de dividendes à sa maison mère H, les 5 millions figureront des deux côtés du compte d'affectation ; ils pourraient même figurer deux fois à gauche si H profite de ces dividendes reçus pour augmenter du même montant ceux qu'elle distribue à ses propres actionnaires. Pour cette raison, il peut être plus pertinent de constater *après consolidation* que les SNF ont versé 6,2 d'intérêts (8,9 – 2,7) et 6,8 de revenus distribués (nous ne donnons pas le détail de plusieurs postes que nous regroupons sous l'appellation « autres revenus » ; on y trouve notamment les « bénéfices réinvestis d'investissements directs étrangers » présentés page 88). Le *solde des revenus primaires bruts* (SRPB) permet de prendre la mesure de ce que finalement les SNF parviennent à obtenir comme revenus primaires (rappelons que tous les soldes peuvent être présentés nets). Les SNF parviendront-elles à conserver tout leur SRPB ? Le compte suivant met fin à ce suspense insoutenable.

Le *compte de distribution secondaire du revenu* (et non de distribution du revenu secondaire) permet de constater que ce sont surtout les impôts sur le revenu (impôts sur les bénéfices…) qui expliquent que le revenu disponible est inférieur au SRPB. Le compte fait aussi apparaître d'autres opérations qui augmentent à peine plus les emplois que les ressources : cotisations et prestations sociales dont la surprenante présence sera expliquée à propos des ménages (p. 50) ; autres transferts courants qui regroupent des écritures liées à des opérations d'assurance, des paiements d'amendes, des dons, etc. dont le détail importe peu ici. Le solde du compte est le *revenu disponible brut* (RDB). Ce revenu est disponible parce que c'est ce qui reste aux SNF lorsqu'elles ont respecté leurs engagements ou leurs obligations à l'égard des salariés, de l'État, des actionnaires, etc. Le *compte d'utilisation du revenu* constate que tout ce revenu est nécessairement une *épargne* (ce compte est là pour mémoire, parce que tous les secteurs ont les mêmes comptes ; il ne « fonctionne » réellement que pour les SI qui peuvent avoir une dépense de consommation finale : ménages et APU). Épargne brute (13,9) ou nette (– 1,2) si l'on retranche la CCF. Ainsi s'achèvent les comptes courants.

LES SOCIÉTÉS NON FINANCIÈRES EN 2001
(VALEUR AJOUTÉE = 100)

Emplois		COMPTE DE PRODUCTION *Ressources*	
Consom.	137,4	Production marchande	236,4
Valeur ajoutée brute*	100	P pour emploi final propre	1,0
		COMPTE D'EXPLOITATION	
Rémunération des salariés	64,7	V A	100
Autres impôts sur la P	4,6		
Subventions d'exploitation	– 0,8		
Excédent brut d'exploitation*	31,6		
		COMPTE D'AFFECTATION DES REVENUS PRIMAIRES	
Intérêts	8,9	Excédent brut d'exploitation	31,6
Revenus distribués des sociétés	15,2	Intérêts	2,7
Autres revenus de la propriété	0,5	Revenus distribués des sociétés	8,4
Solde des revenus primaires*	18,7	Autres revenus de la propriété	0,7
		COMPTE DE DISTRIBUTION SECONDAIRE DU REVENU	
Impôts sur le revenu	4,3	Solde des revenus primaires	18,7
Prestations sociales	1,5	Cotisations sociales	1,6
Autres transferts courants	1,6	Autres transferts courants	1,0
Revenu disponible brut*	13,9		
		COMPTE D'UTILISATION DU REVENU	
Épargne brute*	13,9	Revenu disponible brut	13,9
Variation des actifs		COMPTE DE CAPITAL *Variation des passifs*	
FBCF*	20,0	Épargne brute	13,9
Variation des stocks	– 0,5	Aides à l'investissement	0,6
Acq. moins cess. d'ANFNP	0,1	Autres transf. reçus en cap.	0,8
Capacité de financement	– 4,6	Autres transf. versés en cap.	– 0,2
		COMPTE FINANCIER	
Variation des créances	21,5	Variation des dettes	26,1
		Capacité de financement	– 4,6

* Consommation de capital fixe : 15,1.

L'accumulation de richesse par les SNF

Les comptes courants ont mis en évidence que les SNF ont réussi à recevoir plus de ressources qu'elles n'ont cédé d'emplois. La différence entre ces flux est un flux — l'épargne — qu'elles vont pouvoir utiliser pour augmenter leurs stocks d'actifs plus que leurs stocks de passifs, c'est-à-dire faire varier cette différence que la CN appelle la *valeur nette* (ce raisonnement n'est tout à fait valable que si l'épargne considérée est nette puisque la CCF n'est que la contrepartie d'une usure). Les *comptes d'accumulation* décrivent les flux qui accompagnent cette accumulation de richesse ; ils distinguent selon qu'il s'agit de richesse financière (compte financier) ou non financière (compte de capital). Dans ces comptes, il est moins intéressant de savoir si un flux est une ressource ou un emploi que s'il augmente ou diminue les passifs ou les actifs ; on décide donc d'écrire les comptes d'accumulation en variation de passifs et d'actifs (explication détaillée pour les actifs et passifs financiers p. 34).

Du côté de la variation des passifs (VDP), le *compte de capital* fait apparaître l'origine des ressources disponibles pour acquérir des actifs : EB et transferts en capital [2].

Les *transferts en capital* recouvrent des *aides à l'investissement* (subventions de la FBCF par les administrations) et d'*autres transferts en capital* (remise de dettes…) qui peuvent être reçus (signe plus) ou versés par les SNF (signe moins).

Les acquisitions d'actifs non financiers par les SNF pendant l'année figurent à gauche du compte en variation d'actifs (VDA) : FBCF (si l'épargne nette figure à droite du compte, et non l'EB, on déduit la CCF du côté gauche) dont on a vu p. 13 qu'elle ne recouvre pas seulement des actifs corporels produits (investissement matériel), variation des stocks éventuellement négative (on fait donc comme si les SNF avaient acheté une partie de leur propre production, la contrepartie de cet achat étant dans la valeur de la production marchande dans le compte de production). Figurent enfin les *acquisitions moins les cessions d'actifs non financiers non produits,* comme les terrains, les brevets…

Si le solde du compte de capital — toujours écrit à gauche — est positif, c'est que les acquisitions d'actifs non financiers n'ont pas épuisé ce dont disposaient les SNF pour accumuler de la richesse. Elles vont pouvoir acquérir aussi de la richesse financière. On appelle donc ce solde la *capacité de financement.* Si le solde est négatif, la capacité de financement négative exprime un *besoin de financement* ; les SNF vont alors devoir réduire leur richesse financière, par exemple en augmentant plus leurs dettes que leurs créances. Tous les comptes présentés jusqu'à maintenant ne comprenaient que des opérations non financières, la capacité de

---

2. Le SEC 95 propose que ces opérations soient isolées dans un « compte de variation de la valeur nette due à l'épargne et aux transferts en capital » (l'épargne nette remplaçant l'EB), ce qui conduit à classer les autres opérations du compte de capital dans un « compte des acquisitions d'actifs non financiers », mais l'INSEE, pour l'instant, y a renoncé, ce qui n'est pas grave dans la mesure où le premier compte est en fait la partie droite du compte de capital, l'autre compte correspondant à la partie gauche.

financement est donc à la fois le solde du compte de capital et celui de l'ensemble des comptes non financiers.

Le dernier compte d'accumulation à faire apparaître des opérations économiques est le *compte financier* (comme c'est le dernier des comptes de flux, son solde ne peut pas être reporté dans un autre compte, comme ceux des comptes précédents). Il retrace tous les flux financiers de l'année qui font varier les actifs financiers (créances) ou les passifs financiers (dettes), c'est-à-dire toutes les opérations financières (voir chap. IV). Comme les SNF ont un besoin de financement de 4,6 en 2001 (capacité de financement de – 4,6), il faut qu'elles s'endettent pour y faire face. Plus précisément, il faut nécessairement que l'accroissement de leurs dettes soit supérieur de 4,6 à l'accroissement de leurs créances. Dans ces conditions, la somme des opérations enregistrées à droite (variation des passifs financiers, c'est-à-dire des dettes) est supérieure de 4,6 à la somme de celles qui figurent à gauche. On devrait donc inscrire à gauche un solde de 4,6 qu'on pourrait qualifier de besoin de financement. On décide d'écrire – 4,6 à droite et de l'appeler capacité de financement. On verra au chapitre IV que les choses sont un peu plus compliquées (N.B. : l'articulation entre les comptes financiers et non financiers a déjà été examinée p. 36).

Les ratios significatifs pour l'analyse des SNF

En rapportant l'une à l'autre quelques opérations des comptes des SNF, on peut construire des ratios utiles pour l'analyse. Dans la mesure où les comptes ont été construits pour faire apparaître des soldes significatifs, il n'est pas étonnant que ceux-ci figurent au numérateur et/ou dénominateur des ratios les plus répandus : taux de marge, d'épargne, d'investissement et d'autofinancement. D'une façon générale, il est capital de s'intéresser à la variation de la VA avant de commenter les évolutions des principaux ratios.

Le *taux de marge* est le rapport de l'EBE des SNF à leur VA. L'EBE est ce qui reste à l'entreprise après paiement des coûts directement liés à la production de la VA ; il est indépendant de l'origine et du mode de rémunération des capitaux mis en œuvre (actions ou emprunts, niveau des taux d'intérêt, politique de distribution de dividendes, etc.). Le taux de marge peut dès lors être considéré comme un indicateur de profit (brut) ; c'est un indicateur de performance économique des SNF si l'on admet que l'aptitude des SNF à verser des salaires élevés (ils diminuent l'EBE) n'est pas une performance ; un point de vue qui est évidemment généralement celui des SNF et que nombre de commentateurs adoptent parce qu'ils assimilent un peu rapidement l'intérêt des SNF à celui de l'économie nationale.

Le *taux d'épargne* des SNF — rapport de leur EB à leur VA — est un indicateur du profit brut retenu (conservé) par les SNF. Il n'évolue pas nécessairement comme le taux de marge ; notamment parce que la part des intérêts versés nets des intérêts reçus par les SNF est susceptible de varier en fonction de l'évolution des taux d'intérêt et de l'endettement.

Le *taux d'investissement* est également un ratio important. Rapport de la FBCF à la VA, il indique quelle proportion de la VA les SNF consacrent à l'effort d'investissement, que ce soit pour accroître leur capital fixe (accumulation) ou pour amortir celui qui s'est usé au cours de la période (puisque la FBCF est brute). Celui qui commente l'évolution du taux d'investissement doit avoir présent à l'esprit que la FBCF correspond encore à une conception étroite de l'investissement (voir p. 13).

Le dernier ratio important est le *taux d'autofinancement*, rapport de l'EB à la FBCF (ou à la FBCF plus la variation des stocks, selon l'objectif de l'analyse). Il indique quelle part de l'investissement est financée à partir des ressources dégagées par l'entreprise (EB). Comme EB/FBCF = (EB/VA) × (VA/FBCF), le taux d'autofinancement peut s'analyser comme le rapport du taux d'épargne au taux d'investissement. L'amélioration du taux d'autofinancement n'est pas toujours la preuve d'une amélioration de la situation des SNF : elle peut traduire par exemple une baisse du taux d'investissement plus forte que celle du taux d'épargne.

Tous les ratios que nous venons d'évoquer ne prennent en considération que des flux. On peut construire d'autres ratios en mettant au dénominateur des stocks (obtenus grâce aux comptes de patrimoine, voir p. 75) : capital brut, actif net, etc. La multiplicité des ratios envisageables indique que la rentabilité et l'accumulation sont des notions dont les mesures sont complexes et dépendent de la perspective adoptée par l'analyste.

Les ratios bruts ne sont pas nets...

Il est dangereux d'analyser l'évolution de la situation des SNF à partir des seuls ratios précédents, ce que font pourtant la majorité des commentateurs. C'est que les soldes des comptes utilisés dans ces ratios sont bruts ; autrement dit, ils comprennent la consommation de capital fixe des SNF. Celle-ci est obtenue à partir de données incomplètes et d'hypothèses sur les durées de vie des équipements et des bâtiments. Elle est donc un peu problématique. Elle évolue, toutes choses égales par ailleurs, en fonction de l'importance et de la structure de la FBCF au cours des années précédentes, et de la variation des prix de remplacement du capital fixe usé (voir p. 73).

Ratios caractéristiques des SNF
(1970-2001)*

En %	*1970-1973*	*1974-1979*	*1980-1984*	*1980-1984*	*1985-1987*	*1988-1990*	*1991-1994*	*1995-1997*	*1998-2000*	*2001*
Croissance VA	*6,7*	*3,4*	*1,5*	1,6	3,1	4,6	0,4	1,4	4,1	2,4
CCF/VA	*11,0*	*12,6*	*13,8*	13,4	13,4	13,4	14,3	14,8	14,6	15,1
EBE/VA	*30,8*	*27,7*	*27,4*	25,8	30,4	33,1	32,4	32,3	33,0	31,6
SRPB/VA				14,5	19,3	22,5	20,9	20,5	21,8	18,7
EB/VA	*16,8*	*13,2*	*12,4*	10,9	15,6	18,5	18,0	16,9	17,4	13,9
FBCF/VA	*22,0*	*19,5*	*17,4*	20,1	18,9	20,8	19,5	17,9	19,0	20,0
EB/FBCF	*77*	*68*	*72*	54	82	89	92	95	92	70
EN/VAN	*6,6*	*0,7*	*- 1,7*	- 3,0	2,6	5,8	4,3	2,5	3,3	- 1,3
FNCF/VAN	*12,4*	*8,0*	*4,2*	7,7	6,4	8,5	6,1	3,7	5,1	5,8

Lecture du tableau : de 1998 à 2000, la croissance annuelle de la VA a été en moyenne de 4,1 % et le taux d'épargne (EB/VA) s'est établi en moyenne à 17,4 %.

Les données en italique correspondent aux comptes de la base 1980 ; les autres à ceux de la base 1995 actuelle. La croissance de la VA est en volume. EN = épargne nette ; FNCF = formation nette de capital fixe. Sources : à partir de INSEE, Comptes nationaux.

L'intérêt principal des ratios nets (obtenus en retranchant la consommation de capital fixe au numérateur et au dénominateur) est que leurs évolutions sont plus clairement interprétables parce que leurs niveaux eux-mêmes ont une signification économique plus claire contrairement à ceux des ratios bruts. Exemple : la remontée sensible du taux d'épargne brute après 1982 est spectaculaire (10,6 % en 1982, 12,3 % en 1984) ; la situation des SNF s'est incontestablement améliorée. L'observation du taux d'épargne nette permet de nuancer fortement ce premier jugement : certes la situation s'est améliorée, mais le taux d'épargne nette reste négatif jusqu'en 1985 ; autrement dit, les SNF perdent de leur « substance » ; elles ne dégagent pas une épargne suffisante pour couvrir seulement leur consommation de capital fixe ; elles doivent continuer à s'endetter pour remplacer le capital usé. Autre exemple : la baisse du taux d'investissement brut jusqu'en 1984 (16,6 %) est certes préoccupante, mais l'observation du taux d'investissement net montre qu'il reste positif (3,1 %). Investir plus ne se justifierait peut-être pas au regard de la faiblesse de la croissance.

L'interprétation des comptes ou des ratios est enfin rendue délicate par les difficultés du traitement de l'inflation ; une question qui sera abordée plus globalement au chapitre VII, mais qui n'est pas propre aux sociétés.

III / L'approche par les revenus : les autres secteurs institutionnels

Le chapitre précédent a présenté avec un luxe (relatif) de détails techniques l'approche par les revenus dans le cas du secteur des SNF. Comme la logique économique et comptable qui préside à la structure des comptes des autres SI est fondamentalement la même, on insistera surtout sur les particularités du traitement de chaque SI par la CN.

1. Les ménages (y compris les entreprises individuelles)

L'entreprise individuelle (EI) est une unité économique qui ne possède pas de personnalité juridique distincte de celle de son exploitant (agriculteurs, petits commerçants, artisans, professions libérales...). Il y a donc confusion du patrimoine de l'entreprise et de celui du ménage auquel l'entrepreneur appartient, et il est en outre souvent difficile de distinguer certains flux économiques relatifs à l'entreprise de ceux propres aux ménages. Il est d'autant plus légitime d'intégrer les EI au secteur des ménages que les sources statistiques relatives à leurs activités sont souvent d'une médiocre qualité : on évite ainsi de « contaminer » celle des comptes des SNF auxquelles on aurait pu rattacher les EI au prix de quelques conventions comptables (c'est ce que faisait la CN française avant 1976, ce qui avait en outre l'inconvénient de regrouper dans le même secteur des unités qui obéissent à des logiques économiques assez différentes). L'intégration des EI dans le secteur des ménages ne facilite toutefois pas l'interprétation des comptes des ménages.

Le SI des ménages regroupe les unités dont la fonction principale est... la consommation (et la production marchande pour les EI) et dont les ressources principales sont obtenues par la rémunération des facteurs de la production (travail, capital, terre...) et par des transferts effectués par d'autres SI (et par les produits de la vente pour les EI).

Les ménages comprennent des « ménages ordinaires » (ensemble des personnes vivant dans un logement séparé ou indépendant) et des « ménages collectifs » (population des maisons de retraite, foyers de travailleurs...).

Le SEC prévoit de classer chaque ménage en fonction de sa source de revenus la plus importante dans l'un des six sous-secteurs suivants : employeurs (y compris travailleurs indépendants), salariés, bénéficiaires de revenus de la propriété, bénéficiaires de pension, bénéficiaires d'autres revenus de transferts, autres ménages. L'INSEE semble avoir renoncé à établir des comptes selon ces critères, assez éloignés d'ailleurs des catégories socioprofessionnelles (voir [Desrosières, Thévenot, 2002]).

La formation du revenu disponible des ménages

Dans le tableau qui présente (p. 51) les comptes des ménages, les données sont exprimées en fonction de leur revenu disponible en 2001 (RDB = 100 ; un point vaut 9,5 milliards d'euros). Les comptes courants permettent de comprendre comment se forme ce RDB. Pour les interpréter, il ne faut pas oublier que les données sont relatives aux ménages, y compris les EI (entre parenthèses figurent les opérations des EI lorsqu'il est possible de les isoler).

Hors EI, comme on l'a déjà expliqué page 18, la P des ménages est celle des services de logement (à la fois dans la P marchande et dans la PEFP) et celle des services liés à l'emploi de personnel domestique salarié (PEFP). En emplois du compte d'exploitation, les salaires sont versés par les EI à leurs propres salariés (2,7) et par les ménages à ce personnel domestique (4,0 – 2,7 = 1,3). On peut en déduire que la PEFP correspondante à ces services domestiques est donc de 1,3 (voir p. 18).

Dans le solde du compte, on distingue de l'EBE un *revenu mixte*. Il s'agit d'un EBE des entrepreneurs individuels, appelé ainsi pour manifester qu'il correspond à deux éléments indissociables : la rémunération du travail non salarié de l'entrepreneur, voire de certains membres de sa famille, et un EBE « normal », c'est-à-dire un profit d'entreprise. En rapportant le revenu mixte des EI (11,6) à leur VA (14,6), on trouve alors un ratio beaucoup plus élevé (80 %) que le taux de marge calculé pour les SNF (32 %), ce qui manifeste bien l'importance de la rémunération du travail non salarié dans le revenu mixte.

Dans le compte d'affectation, on peut signaler 3,6 de *revenus de la propriété attribués aux assurés*. Il s'agit de revenus obtenus par les assureurs grâce aux placements qu'ils effectuent principalement dans le cadre de l'assurance vie. Ces sommes seront réellement récupérées par les assurés au terme de leurs contrats. Dans l'immédiat, on fait comme si on les leur versait (ce qui gonfle leur revenu de l'année et leur capacité de financement) et comme si les ménages les replaçaient immédiatement dans l'assurance vie (ce qui gonfle le poste *provisions techniques d'assurance* de leur compte financier, voir p. 68). On notera que ces revenus sont supérieurs aux dividendes reçus par les ménages (3,3, inclus dans les revenus distribués des sociétés).

Dans le compte de distribution, même sans les transferts sociaux en nature (explications p. 53), les prestations sociales considérées sont d'un montant impressionnant : elles comprennent des *prestations d'assurance sociale*, c'est-à-dire des retraites, des indemnités de chômage, des allocations familiales, etc., versées à des ménages qui ont acquis des droits grâce à des cotisations sociales préalables ; on y trouve également 2,5 de *prestations d'assistance sociale en espèces* versées en dehors de tout système de cotisations sociales préalables (RMI, minimum vieillesse…).

En emplois du compte de distribution, la distinction entre impôts sur le revenu et cotisations sociales est moins marquée depuis l'invention de la CSG (contribution sociale généralisée), impôt prélevé sur pratiquement tous les revenus par l'État au bénéfice de la Sécurité sociale. Le montant de la CSG (6,6) est devenu nettement supérieur à celui de l'IRPP (impôt sur le revenu des personnes physiques). Un encadré p. 50 aide à comprendre le traitement des cotisations sociales.

Pour analyser l'évolution du revenu des ménages, il peut être tentant de simplifier en consolidant les comptes d'affectation et de distribution. Le RDB des ménages apparaît alors comme la somme de l'EBE et du revenu mixte (24,1), des salaires nets (51,9 = 81,6 – [31,5 – 1,8]), des revenus nets de la propriété (9,9 = 4,9 + 4,9 + 3,6 + 0,2 – 3,5 – 0,2 ; cette proportion a doublé en dix ans) et de prestations sociales (31,1) et dont on retire les impôts sur le revenu et assimilés (14,6), et 1,3 pour tous les autres postes consolidés.

Le RDB est donc un revenu après impôts et cotisations sociales ; il est disponible soit pour la consommation, soit pour l'épargne. On peut lui préférer la notion de revenu disponible ajusté (voir p. 52).

Dans le compte de capital, l'EB reportée du compte d'utilisation et quelques transferts en capital (les transferts versés sont les impôts sur les successions et les donations) permettent aux ménages de financer leur FBCF (pour les ménages hors EI, il s'agit exclusivement de logements et de grosses réparations du logement) et la variation des stocks (uniquement pour les EI). Les acquisitions d'actifs non financiers non produits sont inférieures aux cessions de ces ANFNP (principalement des terrains). À la différence de celui des SNF, le solde du compte — la capacité de financement — est toujours positif.

Le traitement des cotisations sociales

Il existe des cotisations sociales (CS) à la charge des employeurs et des CS à la charge des salariés, mais versées par les employeurs au nom des salariés ; elles ne font pas partie du salaire effectivement viré sur le compte bancaire du salarié. La CN fait comme si toutes ces CS *effectives* étaient d'abord versées aux salariés, lesquels les reversaient ensuite aux organismes de Sécurité sociale. Ces CS effectives sont donc comptées dans la rémunération des salariés (emplois du compte d'exploitation des SI employeurs, ressources du compte d'affectation des ménages). Elles sont « versées » par les ménages (emplois du compte de distribution, dans lesquels apparaissent également des CS versées par les ménages non salariés). Pour le compte des salariés, l'opération est donc neutre : les CS sont à la fois en ressources (dans la rémunération des salariés) et en emplois du compte de distribution. Ce traitement présente l'avantage de faire apparaître le coût total du travail pour les employeurs et le salaire total reçu par les salariés (une partie de ce salaire est indirecte puisque les salariés, grâce aux CS, acquièrent des droits à recevoir des prestations aujourd'hui ou plus tard).

La compétitivité des entreprises est liée au coût salarial par unité produite qui résulte du rapport de ce coût total du travail à la productivité des salariés et ne dépend pas du poids des « charges sociales » invoqué en boucle par un MEDEF obsessionnel. Les comparaisons internationales montrent que la part des salaires dans la valeur ajoutée est indépendante de l'ampleur des cotisations sociales [Piketty, 2002].

Certains employeurs (notamment l'État) versent *directement* à leurs salariés ou anciens salariés des prestations sociales sans que ceux-ci aient préalablement cotisé (supplément familial de traitement des fonctionnaires, complément de revenu en cas d'arrêt maladie...). La CN décide de faire comme si ces prestations étaient la contrepartie de CS *fictives* versées par les salariés (aux employeurs) grâce à des sommes (évidemment fictives) que les employeurs auraient versées aux salariés. On appelle *cotisations sociales imputées* ces CS fictives. Tout se passe comme si les employeurs géraient un système de Sécurité sociale versant des prestations financées par ces CS. L'enchaînement des écritures est alors le suivant : les employeurs versent des prestations sociales (emplois du compte de distribution des employeurs) aux salariés (ressources du compte d'affectation des ménages) grâce à des CS fictives versées par les salariés (emplois du compte de distribution des ménages) aux employeurs (ressources du compte de distribution de ceux-ci) ; cela est possible parce que les salariés ont reçu un supplément fictif de « rémunération des salariés » (ressources du compte d'affectation des ménages) de la part des employeurs (emplois du compte d'exploitation des employeurs). Cette convention présente l'avantage d'inclure dans la rémunération des salariés des sommes qui font finalement bien partie du coût du travail pour les employeurs et du revenu du travail pour les ménages.

Dans l'interprétation des données, on se gardera de confondre la *rémunération des salariés* (A), les *salaires bruts* (B = A moins les CS imputées et les CS effectives à la charge des employeurs) qui apparaissent généralement au début des feuilles de paie, et les *salaires nets* (C = B moins les CS effectives à la charge des salariés) qui correspondent aux flux monétaires effectivement reçus par les salariés (presque : CSG, mutuelles...). En 2001, B et C représentent respectivement 73,3 % et 63,6 % de A (les CS imputées font 5,0 % de A). Comme A, B et C n'évoluent pas nécessairement de la même façon, bien des polémiques sont possibles à propos de l'évolution des revenus salariaux, d'autant plus que l'expansion de la CSG ne simplifie pas l'interprétation des résultats.

LES COMPTES DES MÉNAGES EN 2001 (RDB = 100)*

Emplois		COMPTE DE PRODUCTION	*Ressources*
Consommations interméd.	7,7 (6,2)	Production marchande	23,7 (20,7)
Valeur ajoutée**	29,2 (14,6)	P pour emploi final propre	12,5
		COMPTE D'EXPLOITATION	
Rémunération des salariés	4,0 (2,7)	Valeur ajoutée	29,2 (14,6)
Autres impôts sur la P	1,3 (0,3)		
Subv. d'exploitation	– 0,1 (– 0,1)		
EBE et revenu mixte	24,1 (11,6)		
		COMPTE D'AFFECTATION DES REVENUS PRIMAIRES	
Intérêts	3,5	EBE et revenu mixte	24,1
Autres rev. de la propr.	0,2	Rémunération des salariés	81,6
		Intérêts	4,9
		Revenus distr. des soc.	4,9
		Revenus attribués aux assurés	3,6
Solde des revenus primaires	115,6	Autres revenus de la propriété	0,2
		COMPTE DE DISTRIBUTION SECONDAIRE DU REVENU	
Impôts sur le revenu, etc.	14,4	Solde des revenus prim.	115,6
Cotisations sociales (dont 1,8 pour les non-salariés)	31,5	Prestations sociales (hors transferts sociaux en nature)	30,6
Autres transferts courants	4,0	Autres transferts courants	3,8
Revenu disponible brut	100		
		COMPTE D'UTILISATION DU REVENU	
DC finale individuelle	83,9	Revenu disponible brut	100
Épargne brute	16,1		
Variation des actifs		**COMPTE DE CAPITAL**	*Variation des passifs*
FBC	8,7 (0,8)	Épargne brute	16,1
Capacité de financement	7,1	Divers nets	– 0,3
		COMPTE FINANCIER	
Variation des créances	9,7	Variation des dettes	2,6
		Capacité de financement	7,1***

* RDB : 949 milliards d'euros.

** La CCF est de 5,1.

*** Voir p. 68 pour un commentaire.

Lecture du tableau : la valeur ajoutée des ménages est de 29,2 dont 14,6 pour les seules entreprises individuelles.

Le compte financier montre que cela permet aux ménages d'acquérir d'autant plus de créances qu'ils s'endettent également d'une façon significative (détails page 71).

Deux ratios relatifs aux ménages sont importants : le taux d'épargne et le taux d'épargne financière. Le taux d'épargne — rapport de l'EB aux RDB des ménages — fluctue autour d'une moyenne de 15 % depuis un quart de siècle. La propension à consommer des ménages (DC/RDB) est le complément à 1 du taux d'épargne (car DC + EB = RDB). Rapport de la capacité de financement au RDB, le taux d'épargne financière a vu sa moyenne doubler des années 1980 aux années 1990.

Consommation effective et revenu ajusté

On peut déplorer que l'analyse de la distribution des revenus primaires et de la redistribution opérée par les prélèvements et les prestations sociales reste très globale faute d'être disponible pour chaque catégorie socioprofessionnelle. En revanche, il faut se féliciter du progrès accompli par le nouveau système dans l'appréhension de la consommation et du revenu.

La notion de *dépense de consommation finale* des ménages (voir p. 12) est une conception assez restrictive de leur consommation. Elle écarte en effet des dépenses de consommation qui bénéficient aux ménages mais sont à la charge de la collectivité, c'est-à-dire des administrations. C'est notamment le cas pour l'éducation, assez largement gratuite, mais aussi pour la santé dont les dépenses sont directement prises en charge ou en grande partie remboursées. Pour prendre en compte cet aspect des choses, la CN distingue désormais la *dépense de consommation finale* (DC) et la *consommation finale effective* (CE). Pour les ménages, la seconde est supérieure à la première ; pour les administrations, c'est le contraire (pour les ISBLSM aussi, mais on n'en traitera que plus loin, p. 59 ; dans cette section, on fait comme si les ISBLSM appartenaient aux APU).

La CE des ménages est égale à la somme de leur DC et des *consommations individualisables* incluses dans la DC des administrations. Ces consommations individualisables sont celles dont le bénéficiaire peut être précisément identifié ; elles incluent donc des dépenses d'éducation et de santé supportées par l'administration pour fournir gratuitement ces services ou rembourser des dépenses aux ménages, mais pas les dépenses liées à la défense, à l'administration générale ou aux autres fonctions qui bénéficient à l'ensemble de la collectivité (ces dépenses constituent la CE des administrations, voir p. 56).

Pour que la CE des ménages puisse être supérieure à leur DC, il faut que leur revenu puisse être plus important que leur seul RDB.

On va donc considérer que les administrations transfèrent des revenus supplémentaires aux ménages pour leur permettre d'avoir une CE supérieure à leur DC. Uniquement lorsqu'on veut faire apparaître la consommation effective, on décide donc de créer deux comptes supplémentaires : le premier s'ajoute aux comptes habituels, le second se substitue à l'un d'eux. PERRUC (p. 37) devient PERRRUC... Immédiatement après le compte de distribution du revenu secondaire, un *compte de redistribution du revenu en nature* (troisième R) constate que, en plus du RDB, les ressources des ménages comprennent des *transferts sociaux en nature*, la somme des deux (solde du compte en l'occurrence) s'appelant le *revenu disponible ajusté brut* (RDAB). Ce dernier est la ressource unique d'un *compte d'utilisation du revenu ajusté* (qui remplace le compte d'utilisation du revenu disponible) dont l'emploi est la *consommation finale effective* et le solde l'*épargne brute*. La séquence reprend ensuite normalement avec le compte de capital (le solde du compte d'utilisation du revenu est toujours du même montant, quel que soit le revenu — disponible ou ajusté — considéré).

LE REVENU AJUSTÉ DANS LES COMPTES DES MÉNAGES EN 2001*

Emplois		*Ressources*	
COMPTE DE DISTRIBUTION DU REVENU EN NATURE			
		Revenu disponible brut	100
Revenu disponible ajusté	122,9	Transferts sociaux en nature	22,9
COMPTE D'UTILISATION DU REVENU AJUSTÉ			
Consommation finale effective	106,8	Revenu disponible ajusté	122,9
Épargne brute	16,1		

* RDB = 100. En retranchant l'épargne brute du RDB, on peut obtenir la DC des ménages.

Les transferts sociaux en nature (22,9) comprennent :
— les *prestations sociales en nature* (13,1) : montant des remboursements par les administrations de dépenses de santé, de l'allocation logement, etc., correspondant à des biens et services fournis par des producteurs marchands ; on compte de la même façon en cas de « tiers payant », c'est-à-dire lorsque le produit n'est pas remboursé à l'acheteur mais est payé directement au vendeur ; ces prestations sociales étaient comprises dans la définition du RDB de l'ancien système ; dans celui-ci, la *consommation finale* des ménages était égale à l'actuelle DC des ménages augmentée des produits correspondant à ces prestations sociales en nature ;
— les *transferts de biens et services non marchands individuels* (9,8) : valeur correspondant à l'éducation fournie gratuitement, à

une partie de la santé (voir p. 55 la répartition de la santé entre les deux postes), etc. Dans l'ancien système, cet ensemble servait à passer de la notion de consommation finale à celle de *consommation élargie*.

Pour bien saisir la distinction entre la consommation finale effective (CE) et la dépense de consommation finale (DC), il faut comprendre qu'on parle de consommation individuelle lorsque les bénéficiaires sont individualisables, de consommation collective dans le cas contraire. Les transferts sociaux en nature sont par définition égaux à la DC individuelle des administrations (passée de 12,6 % à 14,8 % du PIB de 1980 à 2001). La CE des ménages peut être appelée aussi la CE individuelle ; et la CE des APU nommée CE collective (passée de 9,4 % à 9,1 %).

CONSOMMATION EFFECTIVE ET REVENU AJUSTÉ EN 2001
(PIB = 100)

<table>
<tr><td rowspan="2">RDB
ménages
64,8</td><td>EB *ménages* 10,4</td><td>EB *ménages* 10,4</td><td rowspan="3">RDAB
ménages
79,6</td></tr>
<tr><td>DC *ménages* 54,4</td><td rowspan="2">CE *ménages*
69,2</td></tr>
<tr><td rowspan="3">*RDB*
APU
26,4</td><td>DC *individuelle*
APU 14,8*</td></tr>
<tr><td>DC *collective*
APU 9,1</td><td>CE
APU 9,1</td><td rowspan="2">RDAB
APU
11,6</td></tr>
<tr><td>EB APU 2,5</td><td>EB APU 2,5</td></tr>
</table>

* Dont 0,6 pour les ISBLSM, intégrées ici dans les APU.

Ces nouvelles conventions devraient améliorer la comparabilité internationale des niveaux de consommation et mieux mettre en évidence le rôle des administrations dans la consommation des ménages, ce qui risque de déplaire profondément aux contempteurs des prélèvements obligatoires.

2. Les administrations publiques

Le SI des administrations publiques (APU) regroupe les unités institutionnelles dont la fonction principale est de produire des services non marchands ou d'effectuer des opérations de redistribution du revenu ou du patrimoine. Leurs ressources principales sont des prélèvements obligatoires (impôts et cotisations sociales). Le SI est subdivisé en trois sous-secteurs : administration centrale (APUC), administrations locales (APUL) et administrations de Sécurité sociale (ASSO).

L'APUC est formée de l'État et d'organismes divers d'administration centrale (c'est le sens du sigle ODAC dans les tableaux statistiques officiels) qui en dépendent : universités, CNRS, CEA, ANPE, etc. Les APUL regroupent les collectivités locales (régions, départements, communes) et des organismes divers d'administration locale (ODAL) : régies, districts, chambre de commerce, etc. Les administrations de Sécurité sociale rassemblent toutes les unités qui distribuent des prestations sociales à partir de cotisations sociales obligatoires (*régimes d'assurance sociale*), et les organismes auxquels ces unités procurent leurs ressources principales (hôpitaux publics...), appelés organismes dépendant des assurances sociales (ODASS).

La délimitation des APU n'est pas aussi nette et stable qu'on pourrait le penser au regard de la définition du SI. C'est ainsi que les hôpitaux publics, classés jusqu'alors dans les SNF, sont considérés comme APU depuis la base 1980 de la CN (opérationnelle après 1987). Le passage de la notion de *prix de journée* à celle de *dotation globale de fonctionnement* (pour améliorer la gestion hospitalière) avait déconnecté totalement la production des services hospitaliers de leur financement. Cette réforme rendait nécessaire aux yeux des comptables nationaux le passage des hôpitaux publics du marchand (SNF) au non-marchand (APU). Elle n'a pas changé le PIB mais a diminué la DC des ménages : leurs paiements partiels pour l'utilisation des services hospitaliers apparaissent dans leur DC comme consommation de services administrés, mais l'essentiel de la valeur de ces services est maintenant dans la DC individuelle des APU.

L'importance économique des APU repose sur l'ampleur de leur VA (18 % de la VA totale, 16 % du PIB en 2001) et sur celle des prélèvements obligatoires collectés (45,0 % du PIB). Les comptes des APU sont construits selon la même logique que ceux des autres secteurs. Leur production est surtout non marchande (voir la définition p. 18). Pour les APU, la distinction entre le compte d'affectation des revenus primaires (dans lequel les impôts sur la production sont des ressources) et celui de distribution secondaire (où figurent les impôts directs) n'a pas beaucoup de sens. L'idée que les impôts sur la production sont des revenus primaires ne va pas de soi, mais on applique ici la logique qui veut que la perception par un agent d'une partie du prix d'acquisition des produits soit considérée comme une source de revenu primaire.

On rappelle que la dépense de consommation finale des APU n'est pas leur consommation finale effective (voir p. 52). Elle

LES ADMINISTRATIONS PUBLIQUES EN 2001
(PIB = 100)

Emplois		COMPTE DE PRODUCTION *Ressources*	
Consommations intermédiaires	5,2	P marchande	3,1
Valeur ajoutée*	16,1	PEFP	0,1
		Autre P non marchande	18,0
COMPTE D'EXPLOITATION			
Rémunération des salariés	13,5	Valeur ajoutée	16,1
Autres impôts sur la P	0,4		
EBE	2,1		
COMPTE D'AFFECTATION DES REVENUS PRIMAIRES			
Intérêts	3,2	EBE	2,1
		TVA	6,9
		Autres impôts sur la production	8,3
		Subventions	– 1,3
Solde des revenus primaires	13,5	Revenus de la propriété	0,6
COMPTE DE DISTRIBUTION SECONDAIRE DU REVENU			
Prestations sociales (hors transferts sociaux en nature)	17,9	Solde des revenus primaires	13,5
		Imp. sur le revenu et le patrim.	12,6
		Cotisations sociales	18,3
Revenu disponible brut	25,8	Divers nets	0,7
COMPTE D'UTILISATION DU REVENU			
DC finale individuelle	14,2	Revenu disponible brut	25,8
DC finale collective	9,1		
Épargne brute	2,5		
Variation des actifs		COMPTE DE CAPITAL *Variation des passifs*	
Formation brute de capital	3,4	Épargne brute	2,5
Capacité de financement	– 1,4	Divers nets	– 0,5
COMPTE FINANCIER			
Variation des créances	0,3	Variation des dettes	1,7
		Capacité de financement	– 1,4

* CCF : 2,2. PIB 2001 : 1 464 milliards d'euros.

comprend une DC individuelle qui correspond à des produits consommés par les ménages (remboursements des dépenses de santé, fourniture quasi gratuite de services d'éducation, etc.) et une DC collective qui constitue la consommation effective des APU. Mais on n'est pas chez Kafka : cette consommation des APU bénéficie bien à l'ensemble de la société : défense, sécurité, justice, administration générale, etc. font bien partie des conditions générales qui déterminent nos conditions d'existence. Une variante construite comme celle utilisée pour les ménages (voir p. 53) permet de faire apparaître le revenu disponible ajusté des APU (égal au RDB moins les transferts sociaux en nature) et la consommation effective des APU (égale à leur dépense de consommation collective).

Comme les SNF, les APU ont une capacité de financement négative, ce qui n'est pas nécessairement un scandale puisque de nombreuses dépenses publiques sont un investissement pour l'avenir : FBCF, mais aussi dépenses d'éducation qui accroissent le niveau du « capital humain » et sont une condition de l'élévation future de la productivité.

La CN permet de calculer un taux de prélèvements obligatoires qui est souvent considéré dans les débats politiques comme un indicateur acceptable du poids de l'État. À tort.

La CN permet de calculer un *taux de prélèvements obligatoires effectifs* (définition internationale). C'est le rapport de tous les prélèvements obligatoires (impôts et cotisations sociales) au PIB. Les cotisations volontaires aux mutuelles, les cotisations imputées (voir p. 50) et certaines taxes considérées comme le paiement de services rendus (carte grise, passeports...) ne font pas partie du numérateur. On assimile souvent la montée de ce taux de prélèvements obligatoires (PO) à celle du rôle de l'État et du « socialisme ». De 1960 (32,2 % du PIB) à 1984 (45,5 %), les trois quarts de la hausse du taux de PO sont pourtant dus aux cotisations sociales (socialisation de la répartition) et un quart seulement aux impôts, ce qui rend cette assimilation plus qu'approximative. Il est sans doute assez réaliste d'admettre que l'élévation du taux de PO est aussi liée à la crise économique.

Effet de la crise sur le dénominateur : si le PIB avait crû après 1974 au même rythme que de 1965 à 1973, le taux de PO aurait atteint seulement 38 % en 1984. Effet sur le numérateur : si les prestations sociales liées au chômage étaient restées analogues à ce qu'elles étaient avant la crise (ce qui aurait permis une moindre croissance des PO à déficit des APU constant), le taux aurait été de 42,5 % en 1984. Le cumul de ces deux effets aurait conduit à un taux de PO de 35,6 % en 1984, c'est-à-dire au niveau de... 1970 [1]. Entre ces deux dates cependant, les APU sont passées d'une capacité de financement de 0,9 % du PIB à un besoin de 2,8 %, ce qui conduit à minorer de 3,7 % le « poids » des administrations mesuré par les PO. Cette dernière remarque indique à quel point il est abusif d'identifier le poids de l'« État » à celui des seuls PO. De ce point de vue, la CN permet des analyses moins grossières en présentant plusieurs ratios

1. Voir la première édition de M. Baslé, *Le Budget de l'État*, coll. « Repères », La Découverte, Paris, 1985. Toutes les données sont en base 1971.

qui n'évoluent d'ailleurs pas nécessairement de la même manière, voire qui évoluent dans une direction opposée.

En 1996 (comptes en base 1980), le *taux de PO effectifs* déjà défini est de 45,7 %. En retirant les PO au profit de la CEE, on obtient le *taux de PO effectifs des administrations publiques* : 44,7 %. Si l'on s'intéresse aux PO utilisés par les APU pour financer leur fonctionnement (à l'exclusion de leurs dépenses de redistribution), on a le *taux de prélèvements nets de transferts* : 19,4 %.

Dans une autre perspective d'analyse, on peut éliminer les PO que se versent mutuellement les APU, on obtient alors des taux consolidés. Par exemple, le *taux de PO effectifs consolidés* : 41,8 % (au lieu de 45,7 % pour le non-consolidé) ; ou le *taux de prélèvements nets consolidés* : 16,6 % (au lieu de 19,4 %).

La CN offre de larges possibilités d'analyse, mais aussi de manipulation lorsque les ratios sont utilisés sans référence précise à leur contenu dans le but exclusif de « prouver » que le poids de l'État — notion en elle-même imprécise — a franchi un seuil intolérable, ou en est loin. « Le socialisme commence à 40 % », s'était laissé aller à dire V. Giscard d'Estaing ; un taux dépassé sous sa présidence (42,5 % en 1980 en base 1971). Après 1981, 45 % devint pour François Mitterrand un mur à ne pas dépasser sous peine de faire régresser les libertés (disait-il en substance). Ce seuil fut franchi en 1984. À 50 % le goulag ? Ces « thèses » sur les seuils à ne pas dépasser conduisent à un véritable fétichisme des chiffres et font obstacle aux débats importants. Ce fétichisme n'est pas le fait de la CN, mais celle-ci l'alimente involontairement puisqu'elle fournit des résultats chiffrés qui se prêtent bien, formellement, à une synthétisation très globale. Que les seuils (40 %, 45 %) soient ou non dépassés dépend bien évidemment des conventions, des méthodes et des sources de la CN. À la lecture des comptes des années quatre-vingt disponibles à partir de 1987 dans la base 1980, il était difficile de ne pas ironiser. Les nouvelles méthodes utilisées conduisaient en effet à réviser en baisse le taux des PO effectifs. Dans cette base, il n'avait jamais dépassé 45 %... Cela était principalement dû au fait que les nouvelles méthodes se traduisaient par un relèvement substantiel du PIB, c'est-à-dire du dénominateur du ratio. En base 1995, c'est-à-dire avec le nouveau système, le taux de PO effectifs est encore revu à la baisse notamment parce que le PIB a été révisé à nouveau en hausse : le taux de 1996 est de 44,8 % (contre 45,7 % en base 1980). La CN n'est pas nécessairement triste...

Depuis quelques années, le poids des dépenses publiques dans le PIB a tendance à remplacer le taux des PO dans la vindicte néolibérale. C'est que les dépenses présentent évidemment l'« avantage » d'être nettement supérieures aux prélèvements : 52,7 % du PIB en 2001 (55,2 en 1993, année de récession, toutes les données entre parenthèses sont relatives à 1993), ça a tout de même une autre allure qu'un petit 45,0 % de PO (42,9) parce que le fameux seuil psychologique des 50 est enfoncé. L'écart correspond à 7,8 points de PIB (12,3). D'où vient-il ? Du fait que les PO ne sont pas les seules ressources qui permettent des dépenses. Il y a d'abord le déficit des APU, c'est-à-dire leur besoin de financement (les APU peuvent donc dépenser plus parce qu'elles accroissent leur endettement) ; mais il ne correspond qu'à 1,4 % du PIB (6,0). Pour l'essentiel, le reste s'explique ainsi : 3,1 (2,9) de P marchande et de ventes résiduelles (rappel : il existe un index) des APU (ce sont donc des dépenses qui sont entièrement financées par la vente), 0,4 (0,4) de paiements partiels des ménages (index), 0,6 (1,0) de revenus de la propriété (les APU n'ont pas seulement des dettes), 1,8 (1,7) de cotisations sociales imputées (encadré p. 51) qui ne sont pas considérées comme des PO, et enfin 0,8 d'autres transferts reçus (amendes, coopération internationale...).

La façon la plus simple de réduire les prélèvements ou les dépenses serait évidemment de privatiser entièrement la protection sociale ; ainsi les cotisations sociales ne seraient plus dans les prélèvements obligatoires... On signalera aux stipendiés des assureurs privés et autres contempteurs de l'État-providence que les faits sont têtus et impressionnants : qu'il y ait beaucoup ou peu de cotisations obligatoires semble sans aucun effet sur le poids de la rémunération des salariés dans la VA des pays développés [Piketty, 2002] ; autrement dit, les cotisations ne pèsent pas sur la rentabilité mais sur les salaires nets.

3. Les ISBLSM

On les appelait jadis les administrations privées ; elles sont devenues les institutions sans but lucratif au service des ménages. Il s'agit des associations de consommateurs, partis politiques, syndicats, Églises, organismes de charité, associations de bienfaisance, etc. qui produisent des services non marchands au bénéfice des ménages à partir de cotisations volontaires (les mutuelles sont classées avec les sociétés financières). Si ces organismes reçoivent des administrations plus de 50 % de leurs recettes, ils sont considérés comme APU ; s'ils sont peu importants, ils sont intégrés au SI des ménages. Bref, les ISBLSM ont une importance assez limitée, pour ne pas dire plus. Les sources statistiques pour construire leurs comptes sont peu fiables, mais est-ce grave ? La VA du SI correspond à 0,35 % du PIB. Comme les APU, les ISBLSM ont une DC qui s'élève — si l'on peut dire — à quelque 0,6 % du PIB ; elle est considérée comme entièrement individuelle (voir p. 54) et est donc intégrée à la consommation effective des ménages dont elle représente 0,8 %. L'auteur de ces lignes pense que leur avoir consacré 0,5 % de ce livre est sans doute excessif.

4. Les sociétés financières

Certains agents économiques ont une capacité, d'autres ont un besoin de financement : le monde est décidément imparfait... Les premiers doivent donc accroître plus leurs créances que leurs dettes (même s'ils thésaurisent puisque la monnaie alors détenue est une créance) ; les seconds doivent faire le contraire. Pour résoudre leurs problèmes respectifs, les agents à capacité peuvent acheter des bons ou des titres (obligations, actions...) émis par les agents à besoin : cela augmente les créances des premiers et les dettes des seconds. Ils peuvent également leur consentir directement des prêts, ce qui a le même effet. Toutefois, ces méthodes sont d'une application limitée, notamment parce que tout le monde ne peut pas émettre des titres (les ménages, par exemple) ; surtout, elles ne concilient pas nécessairement bien les souhaits des créanciers (liquidité...) et des débiteurs (échéances de remboursement suffisamment longues...). Comme la somme des capacités des SI (y compris le reste du monde) égale la somme de leurs besoins de financement et qu'en conséquence l'accroissement global des créances pendant l'année est identique à celui des dettes [2], notre problème a certainement une solution : l'univers comptable est décidément parfait...

Les sociétés financières (SF) s'interposent entre les agents à capacité et les agents à besoin de financement, et tentent de concilier leurs souhaits contradictoires. Les SF regroupent en effet les unités dont la fonction principale est de *financer* (c'est-à-dire de collecter, transformer et répartir des moyens de financement) *ou de gérer ces moyens de financement*. Elles s'endettent en collectant des dépôts à vue ou à échéance, en émettant des titres, etc., pour être en mesure d'être créancières (par exemple en prêtant). Bref, elles exercent une activité d'intermédiation financière (les opérations financières sont présentées au chapitre IV). À côté de la *banque centrale*, des *autres institutions de dépôts* (banques...) et des *autres intermédiaires financiers* (SICAV...), ces trois sous-secteurs pouvant être regroupés sous l'appellation d'*institutions financières*, le secteur comprend également des *auxiliaires financiers* (GIE Carte bleue...) et des *sociétés d'assurance* (y compris les mutuelles, institutions

---

2. Voir p. 36 ; il peut d'autant moins en être autrement que, par définition, ce qui est une créance pour l'un est nécessairement une dette pour un autre.

dont les ressources sont des cotisations sociales volontaires), ces dernières correspondant environ à un sixième de la VA des SF. Dans l'ancien système, les entreprises d'assurance constituaient un secteur mais l'évolution des métiers respectifs a obscurci la distinction entre institutions financières et assureurs.

Les comptes des SF montrent qu'elles sont moins importantes par le montant de leur VA (5 % de celle des SI en 2001) que par l'ampleur de l'intermédiation financière qu'elles effectuent. Le montant des intérêts et dividendes reçus (19 % du PIB) et des intérêts versés (12 % du PIB) en témoigne plus que le compte financier qui ne concerne que des flux nets annuels (voir tableau page 70). Par rapport à ceux des autres SI, les comptes des IF (qu'on trouvera dans le TEE page 86) n'appellent qu'une remarque importante.

On a expliqué (p. 17) que les SF produisent notamment des services d'intermédiation financière indirectement mesurés (SIFIM). Les SIFIM sont approximativement évalués par la différence entre les revenus de la propriété reçus et les intérêts versés. Ils font partie de la production des SF et sont donc inscrits en ressource du compte de production. Mais tous ces revenus reçus et ces intérêts versés sont par ailleurs enregistrés dans le compte d'affectation des revenus primaires. Tout se passe donc comme si cette marge était enregistrée deux fois en ressources des SF. Pour neutraliser le déséquilibre qui résulte de cette double inscription, on décide d'inscrire, pour un montant égal à la valeur des SIFIM, un *ajustement pour services bancaires imputés* dans les emplois du compte d'affectation.

5. Le reste du monde

Il ne s'agit pas de faire les comptes complets du reste de la planète, mais de retracer les relations entre unités résidentes et unités non résidentes. Le reste du monde (RDM) est donc une sorte de SI qui regroupe ces dernières uniquement dans la mesure où elles effectuent des opérations économiques pendant l'année avec l'économie nationale (ensemble des unités résidentes). On répartit les opérations non financières avec le RDM dans trois comptes (voir dans le TEE page 86).

Le *compte extérieur des biens et services* présente les importations en ressources et les exportations en emplois, le solde étant le *solde extérieur des biens et services* (les importations de la France sont une ressource pour le RDM et on les appelle importations ; autrement dit, on écrit les comptes du point de vue du RDM, mais on désigne les opérations par le nom qu'elles ont pour la France).

La ventilation des SIFIM

On a vu page 17 que les SIFIM étaient absorbés par l'ensemble des branches comme consommation intermédiaire non répartie. Le SEC 95 prévoit une solution technique pour affecter ces services d'intermédiation à leurs utilisateurs. En voici une présentation très simplifiée.

Imaginons qu'à un moment où le taux d'intérêt du marché monétaire (TMM) est 5 %, une entreprise emprunte à 7 % 1 000 € à une banque pendant un an. Imaginons que les ménages obtiennent au même moment 2 % pour un dépôt de 1 000 € pendant un an. La différence entre les intérêts reçus (70 €) et les intérêts versés (20 €) permet de calculer la valeur des SIFIM : 50 €. La solution prévue par le SEC, mais pas encore appliquée, est (très approximativement) la suivante : 1/ en empruntant à 7 % alors que le TMM est de 5 %, l'entreprise a implicitement accepté de payer le TMM plus 2 % de 1 000 € le service que lui rend la banque ; on va considérer que ces 20 € de services financiers sont une CI pour l'entreprise (le versement du TMM étant traité en « intérêts versés ») ; 2/ en prêtant à 2 % à la banque alors que le TMM est de 5 %, les ménages ont implicitement accepté de payer 3 % de 1 000 € le service rendu par la banque aux ménages lorsqu'elle accepte leurs dépôts ; on va traiter ces 30 € de services financiers en dépense de consommation des ménages (on fait donc comme si les ménages recevaient le TMM — ce qui augmente d'autant leur revenu — puis achetaient un service d'intermédiation). Au total la production de services financiers est de 50 €, c'est-à-dire du même montant que les SIFIM. Lorsqu'elle sera appliquée, cette solution conduira à une hausse du PIB (rappel : si la CI baisse, la VA augmente) puisque la CI non ventilée (emploi actuel des SIFIM) sera remplacée seulement partiellement par de la CI (par exemple des SNF), le reste étant consommé par les ménages (DC) ou exporté.

Outre des problèmes de sources statistiques, la nouvelle solution pose surtout la question du choix du bon *taux d'intérêt de référence* pour effectuer les calculs. Dans l'exemple précédent, le TMM a été choisi comme taux de référence. Solution peu satisfaisante. La question n'est pas encore tout à fait tranchée, mais il semble bien qu'on s'oriente vers le choix du taux implicite d'intérêt interbancaire dans les comptes nationaux, obtenu en rapportant tous les intérêts interbancaires de l'année aux encours (c'est-à-dire aux stocks) des prêts interbancaires. Le choix du taux n'influence pas la valeur de la production de services d'intermédiation (on peut le vérifier en changeant le TMM dans l'exemple) mais leur répartition. Si le taux de référence est faible, les ménages en consommeront peu (ils ont surtout des dépôts) et les entreprises verront leur CI s'élever (elles ont surtout des crédits). Si le taux est élevé, ce sera le contraire. Autrement dit, les comptables nationaux sont en train d'inventer une nouvelle façon de faire varier le PIB en modifiant le taux d'intérêt…

Le *compte extérieur des revenus primaires et transferts courants* enregistre toutes les opérations de répartition du revenu intervenant avec le RDM. Son *solde extérieur courant* est l'équivalent de l'épargne pour les autres SI, c'est-à-dire du solde du compte d'utilisation du revenu. Il est pratiquement égal au *solde des transactions courantes* de la balance des paiements (voir l'encadré). Le solde du *compte de capital* est à peu près du même montant car ce troisième compte n'enregistre à peu près rien (voir encadré). Ce solde est la *capacité de financement du RDM*. Par construction, elle est égale,

La balance des paiements

La balance des paiements est la présentation dans un cadre comptable de toutes les opérations effectuées pendant une période entre les résidents d'une économie nationale et les non-résidents. On en donne une présentation simplifiée, très proche de celle de la Banque de France.

Le *compte des transactions courantes* (qui reprend des opérations analogues à celles qui figurent dans les comptes courants de la CN) permet d'obtenir le *solde des biens* (excédent des exportations de biens sur les importations de biens), le *solde des services* (la France est le troisième exportateur mondial de services), le *solde des revenus* (salaires, intérêts, dividendes...) et le *solde des transferts courants* (ceux des APU vers l'ONU, les institutions de l'UE, etc., et les envois de fonds des travailleurs à l'étranger, ou le contraire). Dans les anciennes balances des paiements, les « invisibles » regroupaient services, revenus et transferts courants. Cette appellation et ce regroupement ont disparu.

La somme de ces soldes est le solde des transactions courantes (interprétable comme l'épargne nette de la nation, c'est-à-dire de l'ensemble des SI résidents).

Le compte de capital retrace des acquisitions d'actifs non financiers (achats moins ventes de brevets) et des transferts en capital. À la différence de la CN, il ne reprend pas en ressource le solde du compte précédent. Dans ces conditions, la capacité de financement de la nation n'est pas le solde du compte de capital mais la somme de celui-ci et du solde des transactions courantes ; c'est la capacité de la nation à augmenter sa richesse financière (si le total est négatif, il s'agit d'un besoin de financement). On peut naturellement l'obtenir aussi en additionnant les capacités de financement de tous les SI résidents. Un pays augmente sa richesse en achetant plus de créances à l'étranger que l'étranger n'achète de créances dans ce pays. Dans le compte financier de la balance des paiements, ces achats s'appellent « investissements » ; il ne s'agit pas de FBCF mais de crédits et d'achats d'actions et d'obligations.

En % du PIB	*2001*
COMPTE DES TRANSACTIONS COURANTES	
1. Solde des biens	0,3
2. Solde des services	1,4
Recettes en biens et services	*(28,3)*
Dépenses en biens et services	*(– 26,7)*
3. Solde des revenus	1,1
4. Solde des transferts courants	– 1,1
A. *Solde des transactions courantes* (1 + 2 + 3 + 4)	1,6
COMPTE DE CAPITAL	
5. Solde du compte de capital	– 0,02
B. *Capacité de financement de la Nation* (A + 5)	1,7
COMPTE FINANCIER	
6. Solde des investissements directs	– 2,3
ID français à l'étranger	*(– 6,3)*
ID étrangers en France	*(4,0)*
7. Solde des investissements de portefeuille	1,4
Avoirs	*(– 6,4)*
Engagements	*(7,8)*
8. Solde des autres investissements	– 1,6
Avoirs	*(– 4,2)*
Engagements	*(2,6)*
9. Solde des produits financiers dérivés	0,2
10. Avoirs de réserves	0,4
C. *Solde du compte financier* (6 + 7 + 8 + 9 + 10)	– 1,9
Erreurs et omissions nettes (B – C)	0,3

Source : <www.banque-france.fr>.

Les *investissements directs étrangers* (IDE) sont des opérations destinées à contrôler plus de 10 % du capital social d'une entreprise (un solde négatif signifie que le flux d'IDE vers l'étranger est supérieur au flux d'IDE vers la France). Les *investissements de portefeuille* sont des achats de titres dans un but de placement (*avoirs* lorsqu'ils vont vers le RDM, *engagements* s'ils en viennent) Les *autres investissements* correspondent à des crédits commerciaux (délais de paiement), à des prêts bancaires ou non, etc. Une valeur négative des *avoirs de réserves* signifie que les réserves de change ont augmenté pendant l'année. Après prise en compte des *erreurs et omissions*, on vérifie que le solde financier égale la capacité de financement et que la somme des soldes 1 à 10 est nulle (équilibre comptable de la balance).

Les soldes de la balance sont intéressants, mais aussi les flux dont l'ampleur est un premier indicateur de la nature et de l'intensité des relations entre la France et l'extérieur.

---

mais de signe opposé, à la *capacité de financement de la nation* ; car une opération ne peut pas augmenter la capacité de financement d'un non-résident si elle n'accroît pas du même montant le besoin de financement d'un résident. Une capacité de financement positive pour le RDM (donc négative pour la nation) signifie que les SI résidents ont dû contracter plus de dettes auprès d'unités non résidentes qu'ils n'ont acquis d'actifs financiers dans le RDM. L'ensemble de ces opérations financières est présenté dans le compte financier du RDM (voir chapitre suivant).

Comme le SCN et le manuel du FMI sont cohérents, les données des comptes du RDM et celles de la balance des paiements sont désormais presque parfaitement identiques. La balance présente l'avantage d'être établie mensuellement et avec des délais plus rapides. Elle permet de synthétiser des évolutions souvent méconnues du public et des médias ; par exemple, l'envol depuis quelques années des investissements directs et de portefeuille : la mondialisation ne se réduit pas au commerce extérieur. Mais ces résultats sont à interpréter avec précaution car une proportion considérable des flux est relative à des relations avec les autres pays de l'UE dont la plus grande partie a la même monnaie que la France. Pour être plus pertinente, la CN nouvelle a prévu de présenter des comptes du RDM qui permettront de distinguer l'Union européenne des pays tiers. Lorsqu'ils seront disponibles, une étape importante aura été accomplie vers la présentation de comptes européens intégrés. On l'attend !

IV / Financement et patrimoine

Les comptes courants présentés dans les deux chapitres précédents ont décrit comment se forme et est en partie dépensé le revenu disponible de chacun des SI. Le solde de cette série de comptes est l'épargne (solde du dernier compte courant, le compte d'utilisation du revenu). Grâce à leur épargne, les SI vont pouvoir accumuler de la richesse. Le compte de capital — premier *compte d'accumulation* (déjà présenté avec les comptes des SI dans les chapitres II et III) — décrit l'accumulation de richesse non financière (FBCF...).

Si cette accumulation non financière est inférieure à l'épargne, le SI dispose donc — on l'a vu également — d'une *capacité de financement* pour procéder à une accumulation de richesse financière ; celle-ci est décrite dans un compte financier qui n'a pas encore été présenté et est le deuxième compte d'accumulation. Que l'accumulation non financière (l'investissement) soit supérieure à l'épargne n'est possible que si une baisse de la richesse financière permet de satisfaire le *besoin de financement* ; cette baisse résulte d'opérations financières — un emprunt par exemple — retracées dans le compte financier. La première partie de ce chapitre présente sur les opérations financières et les comptes financiers des SI les informations nécessaires pour décrire le financement de l'économie (c'est peut-être l'occasion de relire les pages 34-37, 42-44 et 61-62).

Les opérations sur les produits retracées dans le compte de capital (FBCF...) et les opérations financières présentes dans le compte financier (nouvel emprunt...) sont des flux qui modifient le niveau des stocks (le capital fixe, l'endettement total...). Les niveaux de ces stocks à la fin de l'année sont retracés dans des comptes de patrimoine qui décrivent l'état de la richesse et récapitulent tout ce qui l'a fait varier d'une année à l'autre (changements de prix...). La présentation de cette approche des patrimoines constitue la seconde partie du chapitre.

1. Les comptes financiers et le TOF

À la suite des comptes « PERRUC » (voir p. 37), prend place un compte financier pour chacun des SI. Une synthèse de tous ces comptes et des opérations financières est fournie par le tableau des opérations financières (TOF).

Les opérations financières portent sur des actifs financiers ou des passifs financiers. Les actifs financiers sont des créances : moyens de paiement (numéraire...), créances financières (prêts bancaires, obligations...) ou assimilées (actions...). Une créance financière donne à son propriétaire (le créancier) le droit de recevoir un ou plusieurs paiements du débiteur qui a contracté l'engagement. Les actifs financiers des uns sont donc nécessairement des passifs financiers pour d'autres. Détenir un passif financier (mais l'adjectif est inutile car il n'existe pas de passifs non financiers), c'est avoir contracté un engagement, une dette. Par exemple, les dépôts (rémunérés ou non) effectués par ses clients auprès d'une banque constituent une dette pour la banque (les fonds ne lui appartiennent pas, elle devra les rembourser) et une créance pour les clients. Comme toute créance est nécessairement une dette pour un montant équivalent, la somme des créances est donc nécessairement égale à celle des dettes.

Dans le compte financier d'un SI sont retracées toutes ses opérations financières (présentées dans l'encadré). Ainsi qu'il a été expliqué page 37, on ne garde pas la trace de toutes les opérations, mais seulement des flux nets : si, pendant l'année, une entreprise obtient un crédit de 150 d'une banque et rembourse un autre crédit de 80, on enregistrera seulement un flux net de 70. Du côté gauche du compte, en *variation d'actifs* (VDA), sont enregistrés les flux nets de créances ; à droite, en *variation de passifs* (VDP), les flux nets de dettes.

Voici des exemples d'écriture d'opérations élémentaires dans les comptes financiers (toutes pour la même année). L'entreprise F emprunte 90 à la banque B ; on écrit + 90 en VDP de F parce que l'opération augmente ses dettes (son passif) et + 90 en VDA de B (parce que les créances de B s'élèvent). Si F rembourse 75 à B, on a : – 75 de VDP pour F ; – 75 de VDA pour B. En définitive on ne trouvera trace dans le poste « crédits » des comptes financiers que des flux nets : 15 en VDP pour F ; + 15 en VDA pour B.

Autre exemple un peu plus compliqué. L'entreprise E émet pour 100 d'obligations achetées par M : + 100 en VDP pour E (les dettes de E augmentent) ; + 100 en VDA pour M (les créances de M s'élèvent). E rembourse à M 130 d'obligations arrivées à échéance : – 130 en VDP de E (ses dettes diminuent) ; – 130 en VDA de M (ses créances régressent). E vend à M 60 d'obligations qu'elle avait

Les opérations financières

On oppose traditionnellement la finance directe (ou de marché) et la finance indirecte (intermédiée). Cette distinction reste utile pour comprendre les différences entre les actifs financiers, même si les innovations financières depuis vingt ans l'ont rendue un peu désuète.

Dans la finance directe, l'agent qui a un besoin de financement le satisfait en créant un titre (on dit qu'il l'émet) et en le vendant directement à un agent qui dispose d'une capacité de financement. Le titre peut être par exemple une obligation (titre représentatif d'un morceau d'emprunt dont la durée est longue ; l'émetteur doit verser des intérêts chaque année et rembourser l'obligation à l'échéance, c'est-à-dire à la fin de la durée prévue) ou une action (titre représentatif d'un droit de propriété sur la société émettrice qui donne notamment le droit de voter à l'assemblée des actionnaires et de recevoir un dividende, c'est-à-dire une partie des bénéfices distribués par la société) ; comme l'émetteur de l'action ne doit pas la rembourser, elle n'est donc pas juridiquement une dette ; mais la CN la considère cependant comme une créance pour le détenteur et une dette (un passif financier) pour l'émetteur. Les titres peuvent être ou non négociables sur des marchés dits secondaires (Bourse...), ce qui offre une grande souplesse à leurs détenteurs mais rend les prix des titres (les cours) incertains.

Dans la finance intermédiée, les agents qui ont des capacités de financement effectuent des dépôts auprès des banques (qui sont donc des intermédiaires, on dit qu'elles font de l'intermédiation), lesquelles consentent des crédits (et achètent des titres) aux agents qui ont un besoin de financement. La finance indirecte évite aux épargnants les risques du marché.

La nomenclature des actifs financiers sur lesquels portent les opérations financières permet de distinguer les différents instruments financiers de la finance directe et de la finance intermédiée ; elle concerne aussi les moyens de paiement. Les actifs financiers sont classés par ordre de liquidité décroissante (la liquidité d'un actif est sa capacité à être reconverti en moyen de paiement sans délais, sans coûts et à une valeur non soumise à l'incertitude ; donc, seule la monnaie est parfaitement liquide dans la zone où elle est reconnue). Quelques informations chiffrées sont données entre parenthèses avec la présentation de la nomenclature. Elles donnent un ordre de grandeur de l'importance de l'actif à la fin de 2001 (exprimé en points de PIB, 14,6 milliards d'euros le point pour 2001) ; ces données sont donc relatives à des encours et non à des flux (elles viennent du TOF en encours examiné p. 72).

1. *Or monétaire et DTS* (2). Ce sont des réserves de la banque centrale. L'or détenu par la Banque de France et les droits de tirage spéciaux sur le FMI sont considérés comme des créances de la banque centrale, donc du SI des sociétés financières (SF), sur le reste du monde (donc une dette du RDM).

2. *Numéraire et dépôts* (222). Comprennent tout d'abord ce qu'on appelle traditionnellement la monnaie (48) : la monnaie fiduciaire, c'est-à-dire les *billets et pièces* (seulement 2 ; créances pour les détenteurs, dettes pour la banque centrale) et la monnaie scripturale, c'est-à-dire les *dépôts transférables* (45) par chèque, virement, etc. (créances pour les titulaires des dépôts, dettes pour les banques). Comprennent ensuite d'*autres dépôts* (175) qui peuvent être à vue ou à échéance mais ne sont pas directement transférables (comptes sur livret, épargne-logement...). Ce dernier poste se trouve fortement gonflé par des opérations entre SF (au total 122). Les *autres dépôts* à l'actif des ménages correspondent à 41.

3. *Titres hors actions* (172). Il s'agit de titres qui ne donnent aucun droit sur la propriété de l'unité qui les a émis. Ils sont le plus souvent négociables. On distingue les *obligations* (89) qui sont des titres longs et les *titres de créances négociables* (61) qui sont des titres courts

négociables sur le marché monétaire et dont les noms changent en fonction de la nature de l'émetteur : billets de trésorerie si l'émetteur est une entreprise, certificats de dépôts négociables si c'est une banque, bons du Trésor négociables si c'est l'État. Dans les titres hors actions sont enfin classés des *produits financiers dérivés* (20) trop complexes pour pouvoir être raisonnablement présentés (*swaps*...).

4. *Crédits* (143). On distingue notamment les crédits à court terme et à long terme selon que l'échéance initiale est supérieure ou non à un an. Sont exclus les *crédits commerciaux*, c'est-à-dire par exemple ceux que les fournisseurs accordent à leurs acheteurs.

5. *Actions et titres d'OPCVM* (392). À côté des actions cotées sur des marchés (105) et non cotées (201), prennent place les *autres participations* (25), c'est-à-dire notamment les parts de sociétés autres que les sociétés par actions (SARL, mutuelles...). Les *organismes de placement collectif en valeurs mobilières* (OPCVM) sont des SF dont la seule fonction est de placer les fonds qu'elles collectent en émettant des titres appelés parts (61). Les plus connus sont les SICAV (sociétés d'investissement à capital variable) et les FCP (fonds communs de placement). Une distinction importante sépare les *OPCVM monétaires* (18) dont la nature des placements garantit la parfaite liquidité des titres (ce qui en fait des actifs proches des dépôts à vue) et les autres OPCVM.

6. *Provisions techniques d'assurance* (56). Ensemble des droits détenus par les assurés sur les assureurs (créances pour les premiers, dettes pour les seconds) soit dans le cadre de l'assurance vie (50), soit à l'occasion des opérations d'assurance dommage.

7. *Autres comptes à recevoir ou à payer.* Regroupent les *crédits commerciaux et avances* (47) qui retracent les délais de paiement consentis aux acheteurs par les fournisseurs et les avances des acheteurs aux producteurs. Le poste comprend aussi des *décalages comptables* (26) qui traduisent les décalages entre la date de certaines opérations et celle du paiement correspondant.

---

achetées jadis à un tiers : – 60 en VDA pour E (ses créances diminuent) ; + 60 en VDA pour M (ses créances augmentent). Le lecteur peut vérifier que pour la période le compte financier de E est le suivant : – 60 d'obligations en VDA et – 30 en VDP (on enregistre seulement le flux net : 100 – 130 = – 30). L'entreprise s'est finalement appauvrie puisque ses créances ont baissé plus que ses dettes. Dans le compte financier de M ne figure que 30 en VDA (100 – 130 + 60 = 30). M s'est enrichi. Finalement, tout ceci est simple si l'on comprend que le compte n'est pas en emplois-ressources mais en VDA-VDP.

Le solde du compte financier correspond à la capacité de financement. Si un SI a effectué des opérations financières qui ont augmenté plus ses créances (VDA) que ses dettes (VDP), c'est qu'il disposait d'une capacité de financement : le solde du compte est donc à droite et positif. Si le SI a, au contraire, plus augmenté ses passifs (dettes) que ses actifs financiers, c'est qu'il avait un besoin de financement ; celui-ci devrait être le nom du solde et écrit à gauche ; on décide de l'écrire à droite (il est donc négatif) et de l'appeler capacité de financement. La logique de cette décision est forte : la capacité de financement était le solde du compte de capital et toujours écrite à gauche de celui-ci ; elle est maintenant à la fois le report de ce solde du dernier compte non financier dans le compte financier et le solde du compte financier (revoir les explications données pages 38 et 48).

En pratique, les choses sont hélas moins nettes. Les comptes financiers sont construits par la Banque de France et leurs soldes ne sont pas toujours identiques à ceux obtenus par l'INSEE pour les comptes de capital. Cette divergence entre méthodes ou sources est courante dans la CN. Au lieu de s'entendre sur une seule valeur pour chacun des soldes, c'est-à-dire de procéder à des arbitrages comme habituellement (voir chapitre VI), les comptables nationaux font apparaître ici explicitement des *ajustements* entre ces soldes. Pour ne pas ajouter à la confusion, le solde du compte financier est débaptisé : il devient le « solde des opérations sur actifs et passifs financiers » (nous l'appellerons SOAP). Selon les années, ces ajustements sont d'ampleur variable. En découle tout de même une gêne certaine pour les malheureux utilisateurs. C'est ainsi qu'en 1997 le taux d'épargne financière des ménages (capacité de financement rapportée au RDB) était de 7,7 % ou 10,5 % selon qu'on mettait au numérateur la capacité de financement comme solde du compte de capital ou le SOAP du compte financier. En 1998, le premier taux perdait 0,8 point, le second 2,1... Toujours pour la même raison, le besoin de financement des SNF exprimé en proportion de la valeur ajoutée représentait 0,2 % ou... 3,6 % en 1997. En 1998, les SNF avaient une capacité de financement de 0,5 % ou 1,0 ; un faible écart mais la variation d'une année sur l'autre était de 0,7 point avec le solde du compte de capital ou 4,6 points avec le SOAP (de – 3,6 à + 1,0). Bref, des ajustements passablement erratiques (surtout pour des comptes devenus définitifs, voir chapitre VI). Il serait évidemment raisonnable que ces bisbilles entre l'INSEE et la Banque de France cessent : les comptes sont tout de même normalement construits pour être utilisés, indépendance de la Banque de France ou pas.

Tous les comptes financiers des SI sont présentés dans ce que l'INSEE appelle apparemment indifféremment compte financier ou tableau des opérations financières (TOF). Pour aider les utilisateurs, il serait souhaitable que l'appellation TOF — traditionnelle dans la CN française — soit seule utilisée. Le TOF est plus que la juxtaposition des comptes financiers des SI puisqu'il comprend aussi des colonnes pour certaines de leurs subdivisions : deux pour les SF (institutions financières, sociétés d'assurance) ; une pour les APU (État). Le TOF est relativement détaillé également pour les opérations financières puisqu'elles apparaissent sur 42 lignes (le TEE contient un TOF simplifié, voir p. 87).

Le TOF permet tout d'abord de retrouver le compte financier d'un SI et, donc, de prolonger la description permise par les comptes

TABLEAU DES OPÉRATIONS FINANCIÈRES (TOF)
SIMPLIFIÉ EN FLUX, 2001 (PIB = 1 000)*

Variation d'actifs							*Variation de passifs*					
SNF	*SF*	*APU*	*Mé*	*RDM*	*Total*		*SNF*	*SF*	*APU*	*Mé*	*RDM*	*Total*
	e				e	Or monétaire et DTS					e	e
15	85	− 3	16	19	131	Numéraire et dépôts		103	− 3		31	131
9	*4*	*1*	*11*	*3*	*22*	*dont dépôts transférables*		*26*	*− 2*		*− 2*	*22*
5	336	1	− 2	169	509	Titres hors actions	24	318	23		143	509
7	*20*	*0*	*− 1*	*30*	*56*	*dont TCN*	*8*	*24*	*8*		*17*	*56*
5	*30*	*− e*	*1*	*36*	*71*	*dont obligations*	*24*	*7*	*15*		*24*	*71*
35	35	2	1	24	97	Crédits	46	4	− 2	18	32	97
47	80	1	10	24	163	Actions et OPCVM	59	56			48	163
15	*36*	*− e*	*− 1*	*7*	*57*	*dont actions cotées*	*36*	*10*			*10*	*57*
11	*35*	*2*	*4*	*3*	*56*	*dont OPCVM*		*55*			*1*	*56*
e	e		45	e	45	Provisions d'assurance		45				45
11	− 2	3	− 1	− 2	10	Autres comptes	6	6	− e	− 1	− 1	10
8		*2*	*− 2*	*− 2*	*7*	*dont crédits commerciaux*	*9*		*e*	*− 1*	*− 1*	*7*
						Solde (SOAP)	− 23	3	− 13	53	− 19	0
113	534	4	70	234	955	Total	113	534	4	70	234	955

* : PIB = 1000 ; e signifie inférieur à 0,5. Le PIB fait 1 464 milliards d'euros. Les ISBLSM presque inexistantes financièrement sont regroupées avec les APU.

« PERRUC » dans les précédents chapitres. On se limitera à quelques mots sur les SNF et des ménages. On a vu page 44 que le besoin de financement des SNF est de 4,6 % de leur VA en 2001. Après ajustement (voir p. 69), le solde à financer (SOAP) est de 4,5 %, soit 2,3 % du PIB (34 milliards d'euros). Il suffirait que les SNF augmentent leurs dettes de ce montant pour que le problème soit réglé. Mais les choses sont plus compliquées : les SNF n'augmentent pas seulement leurs dettes pour faire face à leur besoin de financement, mais aussi parce qu'elles accroissent simultanément leurs actifs financiers, leurs créances. Cette variation des créances atteint 11,3 points de PIB en 2001 : plus du cinquième de leur VA, cinq fois leur besoin de financement. Dans ces conditions, leurs passifs (leurs dettes) s'envolent de quelque 14 points de PIB (11,3 + 2,3). Le compte financier des SNF montre qu'elles émettent pour 5,9 d'actions ; un peu plus que leurs achats nets d'actions, puisqu'elles ont acheté pour 4,7 points de PIB d'actions et de titres d'OPCVM de plus qu'elles n'en ont vendu. Toutefois 1,1 point de ces 4,7 correspondent à des achats d'OPCVM monétaires assimilables à des placements bancaires liquides (encadré page 68). Si bien que le financement net des SNF par actions en 2001 est de 2,3 points de PIB (5,9 – 3,6), c'est-à-dire le montant de leur besoin de financement. Le financement net par obligations est presque de la même ampleur, supérieur au rôle joué par le crédit.

La capacité de financement des ménages — y compris les EI — (un SOAP de 5,3 points de PIB, soit 8,6 % de leur RDB) leur permet d'être d'autant plus actifs du côté des actifs financiers que ces ressources financières sont gonflées par une croissance de leur endettement (1,8 point de PIB de crédits). Qu'en font-ils ? D'abord de l'assurance vie à laquelle correspond l'essentiel des 4,5 de provisions techniques d'assurance (une partie importante vient des « revenus de la propriété attribués aux assurés » présentés p. 48). Cette croissance de l'assurance vie est une tendance lourde du comportement financier des ménages. En 2001, contrairement aux années antérieures, les ménages ont plus augmenté leurs dépôts et placements bancaires que leurs achats de titres.

L'intérêt du TOF apparaît surtout lorsque l'on combine une lecture en colonnes comme celle que nous venons d'illustrer (comptes financiers des SI) avec une lecture en lignes qui permet de faire apparaître ce qu'on appelle des comptes d'opérations (voir l'encadré sur le TEE p. 85). Exemple : sur la ligne « crédits » se lit qui emprunte (à droite) et qui prête (à gauche). Le TOF que nous venons de présenter retrace des flux qui modifient des stocks. À côté de ce TOF en flux existe aussi un TOF en encours (on peut aussi l'appeler le compte de patrimoine financier de la nation), qui figure sous une forme simplifiée dans le tableau des comptes de patrimoine (voir *infra*). Ce TOF en stocks permet d'enrichir considérablement la description permise par la seule prise en compte des opérations financières de l'année.

2. Les comptes de patrimoine

La CN ne comprend pas seulement les comptes de flux déjà présentés. Depuis les années soixante-dix, elle prévoyait aussi des comptes de stocks, appelés comptes de patrimoine, et des comptes des variations de patrimoine permettant de passer des comptes de patrimoine de l'année *n* à ceux de *n + 1*. Après bien des péripéties liées à un manque de moyens, la publication annuelle de tous ces comptes a commencé en 1994. Une lacune considérable a été ainsi comblée, car les théories économiques supposent que de nombreux comportements dépendent de variables patrimoniales, mais celles-ci restaient jusqu'alors difficiles à évaluer.

LES COMPTES DE PATRIMOINE EN 2001*

PIB 2001 = 100	*éco*	*SNF*	*SF*	*APU*	*Ména*	*RDM*	*Total*
Actifs non financiers (a)	442	151	10	61	211		442
1. Actifs produits	307	115	7	47	137		307
11. Actifs fixes	275	94	7	45	129		275
111. Actifs fixes corporels	273	93	7	45	129		273
1111. Logements**	143	21	2	2	118		143
1112. Autres bâtim., génie civil	88	38	4	40	6		88
1113. Machines, équipements	40	33	1	2	3		40
– Matériels de transport	8	7	e	e	e		8
– Matériel informatique	1	1	e	e	e		1
– Matériel de communication	2	2	e	e	e		2
– Autres mach. et équip.	29	24	e	2	3		29
1114. Actifs cultivés	2	1		e	1		2
112. Actifs fixes incorporels	2	1	e	e	e		2
1122. Logiciels	2	1	e	e	e		2
12. Stocks	26	21		1	3		26
13. Objets de valeur	6			e	6		6
2. Actifs non produits	135	36	2	14	83		135
21. Actifs corporels non pr.	123	27	2	14	80		123
– dont terrains bâtis**	100	21	2	11	66		100
22. Actifs incorpor. non pr.	13	9	e		3		13
Actifs financiers (b)	892	218	426	35	211	169	1 061
Or monétaire et DTS	2		2				2
Numéraire et dépôts	180	12	106	4	57	43	222
Titres hors actions	127	14	106	2	4	44	172
Crédits	130	28	97	4	2	13	143
Actions et titres d'OPCVM	329	125	101	14	87	63	392
– dont actions cotées	75	27	36	4	8	29	105
Provisions d'assurance	56	1	e	e	55	e	56
Autres comptes à recevoir	68	39	14	11	5	5	73
Total des actifs (c = a + b)	1 335	369	435	95	432	169	1 503
Passifs financiers (d)	880	348	413	72	46	181	1 061
Or monétaire et DTS						2	2
Numéraire et dépôts	188	e	183	4		35	222
Titres hors actions	127	20	56	50	e	45	172
Crédits	123	67	8	11	37	20	143
Actions et OPCVM (e)	319	223	95			74	392
– dont actions cotées	84	72	13			21	105
Provisions d'assurance	56		56				56
Autres comptes à payer	68	37	14	7	9	6	73
Valeur nette (f = c – d)	455	21	23	23	386	– 13	442
Fonds propres (f – e)		245	118				

Source : INSEE, Comptes nationaux, 2002.

* « Éco » = « économie nationale », c'est-à-dire somme des résidents. « ména » = « ménages (y compris EI) ». Le PIB 2001 s'élève à 1 464 milliards d'euros. Alors que le PIB est la valeur d'un flux pendant une période, la valeur d'un élément du patrimoine est définie à une date précise. Exprimer un élément du patrimoine en points de PIB serait donc plus rigoureux si l'on prenait en compte la valeur moyenne de l'élément pendant l'année. Les ISBLSM, dont le total des actifs est de 3, peuvent être obtenues par soustraction des SI de l'économie nationale. Le texte du chapitre donne les informations nécessaires pour lire ce tableau. Le contenu des intitulés financiers est détaillé dans l'encadré p. 67. Pour un SI, la différence entre l'actif financier et le passif est la *valeur financière nette*.

Des éléments de numérotation décimale ont été introduits dans la liste des actifs non financiers pour faciliter la compréhension de la nomenclature. Outre les logiciels, les *actifs fixes incorporels* comprennent les œuvres originales (0,1 point de PIB) et la prospection pétrolière (0,0). Les *actifs corporels non produits* comprennent les gisements (0,2) et les terrains. Les terrains comprennent les terrains cultivés (10), les terrains bâtis (note suivante) et d'autres terrains et plans d'eau. Les *actifs incorporels non produits* correspondent notamment aux brevets.

** La valeur des *logements* renvoie aux prix de construction nets de la CCF ; celle des *terrains bâtis* intègre tout le reste, et notamment la partie du prix qui est liée à la localisation. La valeur des logements au sens large est donc la somme des deux. Même raisonnement pour les *autres bâtiments*.

Le patrimoine d'un agent économique est l'ensemble de ses avoirs et de ses dettes à un moment donné. Le compte de patrimoine d'un SI se présente comme un bilan au 31 décembre. À l'*actif*, les actifs (avoirs) non financiers (corporels ou non) et financiers (créances). Au *passif*, les passifs toujours financiers (dettes). Le solde, c'est-à-dire la différence entre les actifs et les passifs, est la valeur du patrimoine. On l'appelle la *valeur nette*.

Les actifs non financiers qui figurent dans les comptes de patrimoine sont uniquement ceux sur lesquels il est possible d'exercer des droits de propriété, individuellement ou collectivement, et dont la détention procure des avantages économiques à leurs propriétaires (revenus primaires ou produits de leur cession). Sont donc exclus le patrimoine écologique (air, biodiversité...) et le capital humain (puisque l'esclavage a disparu). Le domaine public naturel (rivages maritimes, eaux territoriales...) n'est pas considéré comme un actif économique. En pratique, une partie des éléments du patrimoine ne peut être évaluée faute de transactions significatives (monuments, œuvres d'art...). Sont exclus également des biens qui ne peuvent pas être accumulés puisque les conventions de la CN les rangent dans la consommation finale (automobiles utilisées par les ménages...) ou intermédiaire (biens durables strictement militaires). Toutes ces restrictions conduisent à une notion de patrimoine relativement étroite.

Les éléments patrimoniaux sont évalués aux prix auxquels ils auraient été vendus (s'ils l'avaient été) à la fin de l'année. Cette *valeur vénale* correspond normalement au coût de remplacement. Ce principe n'a guère de sens pour les biens d'équipement. Pour ces biens, en effet, la vente se fait dans des conditions qui pénalisent les vendeurs (faillites...), ou sur des marchés trop étroits — lorsqu'ils existent — pour que les prix qui y sont pratiqués soient de bons indicateurs de la valeur de remplacement. Comme on veut évaluer les biens dans une perspective de poursuite de l'activité et non de liquidation de l'entreprise, on retient en fait la *valeur d'inventaire* (méthode de l'inventaire permanent, appelée aussi méthode chronologique). On procède de même pour les logements et les bâtiments puisqu'on veut distinguer leur valeur de celle des terrains bâtis (voir note sous le tableau). La valeur des éléments du capital fixe est alors égale à ce qu'ils coûteraient s'ils étaient rachetés neufs à la fin de l'année (capital brut), moins leur dépréciation par suite d'usure normale ou d'obsolescence prévisible (consommation de capital fixe depuis l'achat). Cette différence mesure la valeur du capital net (64 % du capital brut fin 2001). La dépréciation est calculée à partir d'études complexes et un peu « acrobatiques » (à cause de l'insuffisance des sources) qui permettent de déterminer les durées de vie moyennes : cinq ans pour le

Valeur nette et fonds propres des sociétés

Dans la logique de la CN, les actions émises par les sociétés sont considérées comme des dettes vis-à-vis de leurs actionnaires. Elles sont évaluées dans les comptes à leur prix de marché à la fin de l'année (du moins pour celles qui sont cotées sur un marché, mais la méthode retenue par la CN pour valoriser les autres ne changerait pas le raisonnement présenté ici). Si les évaluations du marché des actions (la Bourse) étaient cohérentes avec celles retenues par les comptables nationaux pour valoriser les actifs et les dettes (hors actions du passif), la valeur nette des sociétés devrait être strictement nulle. La raison en est simple : comme les sociétés appartiennent à leurs actionnaires, la valeur des actions devrait refléter en théorie exactement celle de l'actif net, c'est-à-dire de l'actif des sociétés diminué de leurs dettes (hors actions figurant au passif). Ce serait le cas si le marché et les comptables nationaux avaient les mêmes critères d'évaluation. En pratique, les sociétés ont une valeur nette positive ou… négative.

Une valeur nette positive, comme celle des SNF en 2001 (voir le tableau), signifie que le cours des actions sur le marché est pessimiste puisqu'il évalue ces sociétés à un montant moindre que l'actif net déterminé par les comptables nationaux … ou que ce sont ces derniers qui sont trop optimistes dans leurs évaluations des éléments de l'actif net. Attention ! Une valeur nette négative, comme celle des SNF en 2000 (– 16 % du PIB), ne signifie pas que les SNF « ne sont pas très riches », comme l'écrit le journaliste du *Monde* (daté du 19 septembre 2001).

La CN dispose d'une notion — les *fonds propres* — qui permet d'éviter ce type de difficulté d'interprétation et de produire des données plus intéressantes dans une perspective d'analyse financière. Les fonds propres sont obtenus par addition de la valeur nette et de la valeur des actions au passif. Par construction, ils sont donc toujours égaux à l'actif net défini plus haut. Évidemment cette notion n'a de sens que pour les sociétés puisque ni les ménages ni les APU n'émettent d'actions. C'est donc fautivement que l'INSEE fait apparaître des fonds propres pour d'autres SI que ceux des SNF et des SF.

matériel informatique et les logiciels, sept pour les matériels de transport, dix pour ceux de communication, trois ans pour les actifs artistiques (!), soixante ans pour les infrastructures…

La *valeur nette* pour l'ensemble des SI, appelée *patrimoine national*, est la différence entre les actifs (financiers ou non) et les passifs possédés par les résidents. En économie fermée (c'est-à-dire sans relations avec le reste du monde), les dettes des résidents sont nécessairement des créances pour d'autres résidents. Actifs financiers et passifs s'équilibrant, la valeur du patrimoine national est donc égale à celle des seuls actifs non financiers. En économie ouverte, il faut y ajouter les créances des résidents sur le reste du monde moins les dettes de même nature.

Les différences entre les deux comptes de patrimoine successifs d'un SI résultent des flux économiques de l'année (données du compte de capital et du compte financier) et de variations de la valeur du patrimoine qui ont d'autres causes : consommation de capital fixe (elle diminue la valeur du patrimoine), variations de prix, etc. Tous ces éléments sont présentés dans des comptes de variations de patrimoine qui permettent de passer du patrimoine de clôture d'une année à celui de l'année suivante pour chacun des SI (*cf.* encadré, p. 76).

Les comptes de patrimoine permettent de calculer de nombreux ratios utiles, surtout si on les relie aux données des comptes de flux. Par exemple, le *coefficient de capital* cher aux économistes, rapport du capital utilisé à la valeur ajoutée produite pendant l'année. Si on le mesure par le rapport du capital fixe net moyen utilisé pendant l'année *n* (obtenu par la moyenne des actifs fixes à la fin de *n – 1* et de *n*) à la VA nette de l'économie nationale, il est de 3,61 en 2001, en léger recul (3,84 dans les années 1980).

Le tableau montre que le patrimoine national (somme des valeurs nettes des SI) correspond à 4,55 fois le PIB. Que ce niveau soit très proche du total des actifs non financiers (4,42 PIB) signifie que les relations financières avec le reste du monde sont assez équilibrées : les créances détenues sur lui par les résidents dépassent leurs dettes à son égard de 13 % du PIB, soit quelque 180 milliards d'euros. La valeur du patrimoine national est très sensible à certaines conventions de valorisation : par exemple, la valorisation des terrains légalement constructibles aux prix des terrains à bâtir (méthode de la base 1980) ou aux prix de la terre agricole (méthode de la base 1971) modifiait le patrimoine national de plus de la moitié du PIB.

La valeur du patrimoine est également très dépendante de certaines conventions conceptuelles. C'est ainsi que, dans la logique de la CN, les droits à la retraite ne sont comptabilisés dans le patrimoine financier des ménages que s'ils sont acquis dans le cadre d'un régime par capitalisation (c'est-à-dire qui repose sur l'accumulation de créances avant le départ en retraite), et non s'ils le sont dans un régime par répartition, ce qui est presque toujours le cas en France (les retraites versées sont alors financées par les cotisations des actifs pendant la même année, c'est-à-dire sans opérations financières préalables). L'INSEE a jadis procédé au calcul de l'*équivalent patrimonial* des droits acquis dans les régimes de retraite par répartition (*Économie et Statistique*, juin 1990). Il l'avait alors évalué à quatre fois le montant de leur RDB. Si ces ordres de grandeur n'ont pas changé, cet équivalent patrimonial correspondrait à un peu plus de 250 % du PIB, ce qui ferait bondir la valeur nette (du patrimoine) des ménages de 4 à 6,5 PIB ; une hausse de plus de 60 %. Ce type d'évaluation est lui-même très sensible à certains choix : si le taux d'actualisation utilisé pour le calcul passe de 4 % à 3 %, l'estimation de l'équivalent patrimonial augmente de 50 %. À une époque où le puissant *lobby* des assureurs ne lésine pas sur les efforts de désinformation, ce genre de résultat n'est pas inintéressant.

Les variations de patrimoine

Quatre facteurs permettent de rendre compte des écarts entre les valeurs du patrimoine à la fin de l'année *n* et à la fin de l'année *n + 1*. Ils sont présentés dans des comptes des variations de patrimoine disponibles pour chacun des SI (le tableau en constitue une version simplifiée pour une période plus longue) :

— *Flux* : sous cette appellation sont récapitulées les opérations retracées dans le compte de capital et le compte financier de l'année *n* : FBCF qui augmente la valeur des actifs fixes reproductibles (machines...), variations de stocks (éventuellement négatives si les entrées en stocks ont été inférieures aux sorties pendant l'année), etc.

— *Consommation de capital fixe* : c'est une évaluation de la dépréciation des machines, bâtiments et autre capital fixe, subie pendant l'année *n* par suite d'usure normale ou d'obsolescence prévisible. En 2001, cette CCF correspond à un peu moins de 14 % du PIB et à 5,2 % du capital fixe net du début de l'année (les actifs fixes figurant dans les comptes de patrimoine correspondent exactement au capital fixe net). Ces proportions sont assez différentes selon les branches et les actifs. C'est ainsi, par exemple, que la CCF des *postes et télécommunications* représente en 2001 24 % de la VA de la branche et 11 % du capital fixe net.

— *Réévaluation* : retrace la modification de valeur des éléments de l'actif ou du passif due aux modifications de prix au cours de l'année. Évidemment, l'interprétation de ces changements est toujours ambiguë car les prix de marché qui servent à évaluer des stocks peuvent être obtenus à partir de données sur des transactions peu nombreuses.

— La colonne « Autres » désigne les *autres changements de volume et ajustements*. Il s'agit, par exemple, des destructions d'actifs dues aux catastrophes naturelles, des apparitions d'actifs non produits (il faut bien — par exemple — faire apparaître les brevets quelque part). Cette colonne reprend également les changements de catégories de certains actifs pendant l'année (terrains cultivés devenant terrains bâtis...) et le passage de certains éléments d'un SI à un autre SI (le passage n'a d'incidence que dans le compte des secteurs concernés). Les ajustements renvoient à des discontinuités dans les séries statistiques et autres problèmes de « cuisine statistique » dont l'ampleur est quelquefois étonnamment importante.

ÉLÉMENTS SUR LES VARIATIONS DU PATRIMOINE 1995-2000

Ensemble des SI milliards d'euros	*Fin 1995*	*Flux*	*CCF*	*Réévaluation*	*Autres*	*Fin 2000*
Actifs non financiers	4 722	1 246	– 923	781	74	5 899
logements	1 697	360	– 190	173	– 4	2 037
autres bâtiments	1 117	334	– 295	77	4	1 238
machines, équipements	476	470	– 394	– 3	0	549
terrains	877			481	44	1 403
Actifs financiers	7 621	3 900		1 821	6	13 349
Passifs financiers	7 576	3 740		1 926	14	13 256
Valeur nette	4 767	1 406	– 923	– 104	66	5 992

Source : *INSEE Première*, n° 804, septembre 2001. Lecture : les logements valaient 1 697 à la fin de 1995 ; en cinq ans, leur valeur a varié de 360 – 190 + 173 – 4, soit 339 ; d'où leur nouvelle valeur fin 2000.

ÉLÉMENTS DES COMPTES DE PATRIMOINE (1978-2001)*

Valeurs moyennes annuelles	*1978-1985*	*1986-1992*	*1993-1997*	*1998-2001*	*2001*
Économie nationale (% du PIB)					
Actifs non financiers	439	417	400	406	427
Actif fixes hors logements	140	137	137	131	130
- dont matériel informatique et logiciels	0,9	1,5	1,7	2,4	3,0
Stocks	39	31	27	25	25
Terrains bâtis	38	56	56	73	91
Terrains non bâtis	52	33	20	19	21
Actifs incorporels non produits	8	8	10	12	12
Actifs financiers	412	552	653	853	897
Or monétaire et DTS	6	3	2	2	2
Numéraire et dépôts	155	149	157	173	174
Titres hors actions	27	60	94	119	123
Crédits	96	106	124	122	127
Actions et titres d'OPCVM	64	157	178	320	349
Actions cotées	9	25	30	69	81
Provisions techniques d'assurance	8	16	33	50	54
Passifs financiers	402	556	653	843	887
Actif net (de passif) sur le RDM	11	– 4	0	10	11
Valeur nette	449	413	400	416	438
SNF en % de VA					
Actifs non financiers	272	259	268	271	281
Actifs financiers	144	214	268	395	427
Actions et OPCVM (actif)	36	92	122	237	256
Crédits (passif)	99	102	117	115	123
Valeur nette	131	65	89	– 3	5
Fonds propres	223	278	317	446	477
Ménages en % RDB					
Actifs non financiers	333	330	299	309	327
Logements	182	186	181	179	179
Terrains bâtis	39	61	58	75	93
Autres terrains	51	33	19	18	20
Actifs financiers	138	223	250	328	332
Numéraire et dépôts	79	80	83	91	87
Titres	38	114	109	149	151
- dont actions cotées	4	12	11	13	13
Provisions techniques d'assurance	10	23	49	76	82
Crédits (passif)	34	50	55	55	56
Valeur nette	432	489	479	569	589
(équivalent patrimonial des retraites)	*(400)*	*(400)*	*(400)*	*(400)*	*(400)*
APU en % du PIB					
Actifs non financiers	70	63	59	57	59
Actifs financiers	34	31	34	37	36
Passifs financiers	35	46	67	74	72
Titres (passif)	11	21	38	49	49
Crédits (passif)	11	11	15	12	11
Valeur nette	68	48	25	20	23

Source : calculs à partir des *Comptes nationaux*, INSEE, cédérom 2002.

* Ce tableau présente pour chaque période des moyennes de valeurs moyennes, obtenues en rapportant la demi-somme des valeurs en début d'année et en fin d'année à la valeur du flux (PIB, VA, RDB) pendant l'année. Pour l'économie nationale, les actifs financiers sont détaillés (par différence on peut retrouver le poste « autres comptes à recevoir »). Pour les logements, voir note sous le tableau page 72. Les actions non cotées sont évaluées en appliquant à la valeur de leurs fonds propres (capital + réserves) le rapport constaté entre la capitalisation boursière et les fonds propres des sociétés cotées en Bourse. Pour les ménages, les actions non cotées représentaient à la fin de 2001 6,5 fois la valeur des actions cotées (deux fois pour l'ensemble des secteurs). L'équivalent patrimonial des droits à la retraite est présenté dans le corps du texte. Fonds propres des SNF : voir page 74.

V / La synthèse des résultats : agrégats et TEE

La synthèse la plus radicale des comptes nationaux est constituée par les agrégats : PIB, revenu national... Ceux-ci sont devenus dans l'esprit du public l'emblème du réductionnisme des économistes. Contrairement aux apparences, leur utilisation pour les comparaisons internationales n'est pas simple et ils posent d'une façon générale de redoutables problèmes d'interprétation (voir chapitre VII). Heureusement, la CN propose une synthèse plus nuancée à travers le tableau des comptes économiques intégrés.

1. Les principaux agrégats

Les agrégats sont des grandeurs synthétiques qui mesurent les performances d'une économie nationale. Leur calcul n'est pas l'objectif principal de la CN, mais ce sont des indicateurs qui peuvent être utiles pour les comparaisons spatiales ou temporelles.

Le produit intérieur brut aux prix du marché est l'agrégat principal ; il « représente le résultat final de l'activité de production des unités productrices résidentes » (SCN 93, 2.172). « Fondamentalement, le PIB est un concept de valeur ajoutée » (*ibid.*), mais il peut être présenté sous trois angles : activité, produit, revenu.

Le PIB est tout d'abord un indicateur d'activité dans la mesure où il peut être calculé comme la somme des valeurs ajoutées brutes, mesurées aux prix du marché, de toutes les branches. Comme les VA sont mesurées aux prix de base, le PIB est donc la somme des VA brutes plus les impôts sur les produits moins les subventions sur les produits. N.B. : ce qui précède est évident si l'on comprend ce que sont les prix de base (voir p. 15).

Comme indicateur de produit, le PIB est la valeur des biens et services issus de la production des unités résidentes et disponibles

LES TROIS APPROCHES DU PIB (2001)

Valeur ajoutée 89,5	Dépense de consommation finale 78,3	Rémunération des salariés 52,8
+ Impôts sur les produits 11,8	+ Formation brute de capital 20,1	+ Excédent brut d'exploitation (et revenu mixte) 33,3
– Subventions sur les produits – 1,3	+ Exportations 27,9	+ Impôts sur la production et les importations 15,7
	– Importations – 26,3	– Subventions – 1,9
= PIB 100	= PIB 100	= PIB 100

pour des emplois finals. On peut le calculer à partir de l'équilibre général des ressources et des emplois (voir p. 24) comme la somme de la demande intérieure (dépense de consommation finale, formation brute de capital) et du solde extérieur de biens et services (exportations moins importations).

Enfin, comme la valeur ajoutée est la source de tous les revenus, le PIB est nécessairement — malgré son nom — un agrégat de revenus. Il peut être obtenu comme la somme des revenus primaires *distribués par les unités résidentes* : rémunération des salariés, excédent brut d'exploitation et revenu mixte, impôts sur la production moins subventions. Pour comprendre cette dernière définition, il suffit de regarder le compte d'exploitation d'un secteur. Ce compte montre (voir p. 42, par exemple) que, pour un SI, la VA est — par construction — égale à la rémunération des salariés versée par le SI, plus les « autres impôts sur la production », moins les « subventions d'exploitation », plus l'EBE du SI. Pour avoir le PIB, il suffit d'ajouter à cette liste (parce qu'ils font partie de la mesure de la VA aux prix du marché qui est la première approche du PIB présentée il y a vingt-cinq lignes) les « impôts sur les produits » et de retirer les « subventions sur les produits ». Si l'on se souvient (p. 15) que la somme de ces deux types de subventions s'appelle les « subventions » et que les « impôts sur la production et les importations » rassemblent ces deux types d'impôts, ce mode de calcul du PIB est accessible à tous ! N.B. : c'est parce que le PIB est aux prix du marché que le prélèvement public net sur le prix de marché apparaît comme un revenu primaire.

La valeur ajoutée est la valeur nouvellement créée ; c'est donc une notion définie pour être logiquement nette. Lorsqu'elle est brute, on n'en a pas retiré la consommation de capital fixe, c'est-à-dire une destruction de valeur liée au processus productif. Si l'on utilise couramment des VA brutes plutôt que nettes, c'est faute de mieux (voir p. 22) parce que le calcul de la CCF est effectué à partir d'hypothèses qui peuvent toujours être discutées et avec retard (ou jamais dans certains pays). Se déduit de cette remarque que les comptables nationaux savent que le bon agrégat est le produit intérieur net (PIN, égal au PIB moins la consommation de capital fixe de l'année, c'est-à-dire 14 % du PIB en 2001), mais qu'ils continuent à (laisser) utiliser le PIB parce qu'il est plus précis que le PIN. On peut déplorer qu'un indicateur à la signification réduite, parce qu'il est précis, soit préféré à un indicateur moins précis mais qui a plus de sens. Le résultat de cet arbitrage entre le sens et la précision en dit long sur notre modernité.

Pour les comparaisons internationales notamment, les économistes auraient toutefois intérêt à se référer aujourd'hui plutôt au PIN qu'au PIB. En effet, lorsque les dépenses en logiciels et en matériel informatique deviennent rapidement croissantes — cas américain —, la part de la CCF augmente rapidement dans la VA, les durées de vie de ces investissements étant courtes. La PIN augmente donc moins rapidement que le PIB. En outre, les conventions sur le partage entre CI et FBCF ne sont pas les mêmes partout ; les Américains comptabilisent, par exemple, en FBCF des dépenses de logiciels que les Européens classent en CI (dans ce dernier cas, cela diminue la VA, donc la croissance). Le biais sur la mesure peut ne pas être négligeable : de 1995 à 1999, l'écart de croissance entre la France et les États-Unis est de 1,9 % (à l'avantage des États-Unis) s'il est mesuré avec le PIB ; évalué avec le PIN, il est inférieur d'un demi-point [Lequiller, 2000].

LES PRINCIPAUX AGRÉGATS EN 2001*

100	PRODUIT INTÉRIEUR BRUT (1 405 milliards d'euros)
+ 0,2	+ Rémunération des salariés reçue du RDM
+ 5,2	+ Revenus de la propriété reçus du RDM
– 0,1	– Rémunération des salariés versée au RDM
– 4,9	– Revenus de la propriété versés au RDM
– 0,6	– Impôts sur la production versés au RDM
+ 0,7	+ Subventions reçues du RDM
= 100,4	REVENU NATIONAL BRUT (RNB)
+ 1,0	+ Transferts courants reçus du RDM
– 1,7	– Transferts courants versés au RDM
= 99,7	REVENU NATIONAL BRUT DISPONIBLE

* CCF : 14 % du PIB. L'égalité du PIB et du RNBD est un hasard de 2000.

Comme agrégat de revenus, le PIB s'intéresse aux revenus primaires *versés* par les unités résidentes. On peut penser que les revenus primaires *reçus* par ces unités sont plus intéressants à additionner. Pour passer des premiers aux seconds, il suffit de retirer tous les revenus primaires versés à des non-résidents et d'ajouter tous les revenus primaires reçus de ceux-ci. On obtient alors le RNB (revenu national brut aux prix du marché). Autrement dit, le PIB est la somme des revenus primaires *versés par* les unités résidentes et le RNB est le total de ceux qui sont *reçus par* celles-ci. Le RNB est donc égal au PIB moins la rémunération des salariés, les revenus de la propriété et les impôts sur la production (nets de subventions) versés au RDM, plus les revenus analogues reçus du RDM (ce sont les institutions de l'Union européenne qui expliquent que des impôts soient versés au RDM et que des subventions en soient reçues). Bref, le RNB est la somme des soldes des revenus primaires bruts des SI.

Dans le SCN de 1953, comme le remarque André Vanoli (SCN 93, n° 2.181), le RNB aux prix du marché était déjà défini ainsi, mais était appelé produit national brut, alors qu'il s'agit d'un agrégat de revenu. Le PNB n'existe plus comme agrégat officiel, mais l'appellation conserve une notoriété considérable. Le RNB de la France est très proche de son PIB car ses relations avec le reste du monde sont assez équilibrées. Beaucoup de pays ne sont pas dans ce cas : l'Irlande par exemple a un RNB inférieur de quelque 13 % au PIB ; symétriquement, certains pays rentiers ou receleurs (émirats pétroliers, Suisse…) ont un RNB nettement supérieur à leur PIB.

Le RNB est un agrégat de revenu primaire reçu. Si l'on souhaite obtenir un agrégat de revenu disponible, il suffit de le corriger de tous les transferts courants reçus (à ajouter au RNB) et versés (à soustraire, sauf les impôts nets de subventions déjà comptés) pour obtenir le RNDB qui est aussi la somme de la dépense nationale de consommation et de l'épargne nationale ou encore la somme des RDB des résidents (de même que le RNB est la somme des soldes des revenus primaires des SI résidents, ce que vous pouvez vérifier dans le TEE reproduit plus loin). D'autres agrégats moins importants existent, comme la dépense nationale brute (somme de la dépense de consommation finale et de la formation brute de capital).

2. Les comparaisons internationales d'agrégats

Elles posent deux problèmes de méthodes et restent toujours délicates à interpréter car la signification des agrégats n'est pas réellement claire (voir chap. VII). Le problème de la normalisation des définitions et des méthodes est de mieux en mieux résolu grâce aux travaux de l'ONU.

Reste le second problème : la comparaison d'unités monétaires différentes. On peut toujours convertir le PIB-France en dollars et le comparer au PIB-États-Unis (E-U), mais l'utilisation des taux de change ne permet pas de comparaisons significatives. Ils dépendent plus des prix des produits échangés internationalement que des autres (services...) ; ils sont influencés par les mouvements financiers et dépendent enfin des politiques de change. Bref, les taux de change reflètent mal les rapports de pouvoir d'achat intérieur des monnaies, ce qu'illustrent bien les fluctuations brutales associées au régime des changes flottants actuel. Pour éviter les problèmes posés par les taux de change, on utilise la méthode de la parité des pouvoirs d'achat (PPA) mise au point par M. Gilbert et I. Kravis en 1954 pour l'OCDE.

La PPA du dollar par rapport au franc est le prix que l'on doit payer en France et en francs pour acheter un produit qui coûte un dollar aux États-Unis. En 1970, par exemple, alors que le dollar valait 5,55 F au taux de change officiel, la PPA du dollar était de 1,86 F pour le vin, 2,47 F pour le pain, 6,11 F pour les automobiles et 11,81 F pour l'essence. Autrement dit, il fallait dépenser 1,86 F en France pour acheter du vin qui aurait coûté 1 dollar aux États-Unis. Comme il y autant de PPA que de produits, il faut faire une moyenne qui tienne compte du poids de chaque produit dans le PIB ou dans l'agrégat que l'on veut soumettre à la comparaison. Selon que l'on pondère par la structure du PIB-France ou du PIB-E-U, on obtient une PPA de 4,10 F ou de 4,95 F. La comparaison des PIB donne donc deux résultats.

Cette méthode correspond au calcul d'un indice spatial des prix : ce qui vaut un dollar aux États-Unis (donc 5,55 F au taux de change) peut s'acheter en France avec 4,10 F ou 4,95 F ; les prix américains sont donc supérieurs en 1970 de 35,4 % (5,55/4,10 = 1,354) ou de 12,1 % aux prix français.

La méthode des PPA est utilisée par Eurostat (l'INSEE de l'UE) pour les comparaisons des pays de l'UE. Pour l'appliquer, Eurostat définit un pays théorique (moyenne des pays de l'UE) et considère 1 000 produits pour la DC des ménages et 300 pour la FBCF. Les résultats sont consignés dans le tableau. Les prix sont moins élevés dans les pays moins développés, ce qui leur donne un pouvoir d'achat relatif supérieur à ce que suggèrent les taux de change. Symétriquement, on constate que l'avantage relatif des pays les plus riches est moins élevé d'après les PPA que d'après les taux de change. Les inégalités entre pays sont donc moins fortes et mieux mesurées avec les PPA. Le tableau indique par exemple que l'inégalité entre le Danemark et le Portugal est divisée par deux avec les PPA. Les données de ce tableau sont un peu anciennes parce que nous refusons de propager les erreurs commises par Eurostat dans ses publications de 2002 (voir [Magnien, Tavernier, Thesmar, 2002] et J.-P. Piriou, « Le "recul" du PIB français : une erreur », *Le Monde*, 30 avril 2002). La difficulté des PPA à s'imposer dans les

ÉLÉMENTS DE COMPARAISONS INTERNATIONALES : PIB, PRODUCTIVITÉ ET IDH

	PIB total 1995		*Taux de change*[1]		*Parités de pouvoir d'achat*[2]		*Productivité par emploi*[3]		*IDH*[4]
	Ch.[1]	*PPA*[2]	*1987*	*1997*	*1987*	*1997*	*1970*	*1997*	*1999*
Danemark	2,0	1,7	146	143	109	118	101	95	921
Belgique	3,0	3,1	105	110	102	114	111	126	935
Autriche	2,5	2,4	114	118	103	113	112	110	921
Pays-Bas	4,5	4,5	109	107	99	108	127	121	931
Allemagne[5]	25,8	23,3	133	118	114	107	111	104	921
France	17,1	16,2	116	110	109	104	113	110	924
Italie	14,2	16,0	97	91	101	102	107	109	909
Irlande	1,0	1,0	65	97	62	102	64	111	916
Royaume-Uni	15,9	15,8	89	101	100	100	81	89	923
Suède	2,8	2,4	141	119	112	100	103	89	936
Finlande	1,5	1,3	131	108	101	98	80	101	925
Espagne	6,8	8,4	57	64	73	80	79	86	908
Portugal	1,3	1,9	31	48	57	72	49	63	874
Grèce	1,5	1,9	40	53	57	69	65	75	881
UE à 15	100	100	100	100	100	100	100	100	
États-Unis	95,9	103,3	136	134	143	145	131	126	934
Japon	51,8	39,5	145	154	104	118	54	88	928

1. Aux prix et taux de change courants. 2. Aux prix et parités de pouvoir d'achat courants. 3. PIB par actif occupé. 4. Indicateur du développement humain (en millièmes), calculé par le PNUD, voir encadré et source p. 109. 5. La réunification de l'Allemagne (3 octobre 1990) introduit une rupture de définition statistique à partir de 1991 (le PIB par tête baisse de 5,5 % en volume).

Source : calculs à partir de Eurostat, *Comptes nationaux SEC, 1970-1997*, Luxembourg, 1999. L'importance de sa production imputée de services bancaires rend peu significatives les données sur le Luxembourg (0,2 % du PIB des 15).

médias tient peut-être en partie au fait qu'elles conduisent souvent à des résultats moins spectaculaires. C'est ainsi que, mesuré avec les taux de change, le revenu des 20 % de la population mondiale vivant dans les pays les plus riches représentait 34 fois le revenu des 20 % habitant les pays les plus pauvres en 1970 et 70 fois en 1997. L'inégalité avait donc plus que doublé. Sur la base des PPA, ce rapport interquintile n'était « que » de 15 en 1970 et il avait un peu diminué (13) en 1997 (PNUD, *Rapport mondial sur le développement humain 2001*, www.unpd.org).

La méthode des PPA est très intéressante bien qu'elle pose des problèmes encore plus ardus que ceux des indices temporels de prix (voir [Piriou, 1992] et [Vanoli, 2002, chap. IX]) car les différences entre les produits et les modes de vie sont plus délicates à prendre en compte entre différents pays à une même date qu'entre deux dates pour un même pays.

3. Le TEE (tableau économique d'ensemble)

Depuis longtemps, les comptables nationaux français présentaient une synthèse de ce que nous avons appelé l'approche par les revenus dans un tableau économique d'ensemble (TEE) qui concentrait sur deux pages les comptes de tous les SI, du compte de production au compte financier. Avec le SCN 93 et le SEC 95, la CN va plus loin avec une synthèse qui articule les comptes courants, les comptes d'accumulation et les comptes de patrimoine dans un tableau intitulé *comptes économiques intégrés*. Les comptables nationaux – à juste titre – continuent à l'appeler tableau économique d'ensemble, en hommage à la tradition de la CN française et au *tableau économique* de François Quesnay (1760). Ce TEE nouveau occupe maintenant 4 pages de format 21 × 29,7, ce qui n'est pas excessif pour quelque 3 000 cases. Nous en proposons une version en deux (petites) pages. Pour l'essentiel, les éléments nécessaires à la compréhension du TEE ont été présentés dans les chapitres précédents, puisque fondamentalement le TEE est la juxtaposition de tous les comptes des SI, qu'on y trouve un TOF simplifié, des comptes du patrimoine et de ses variations. L'encadré donne quelques détails pour mieux comprendre ce précieux monument. Si ces détails ne vous suffisent pas, il est à craindre qu'il ne faille recommencer votre lecture des précédents chapitres !

La lecture du TEE

NB : nv = non ventilé ; éco = économie nationale ; e = inférieur à 0,5 millième du PIB 2001. Un millième de PIB 2001 vaut 1,5 milliard d'euros (1,4637).

Le TEE est tout d'abord une juxtaposition des comptes des SI résidents et du RDM. Si le lecteur a des difficultés pour comprendre la place d'une opération dans le TEE, il doit donc chercher la solution dans les chapitres II et III qui présentent la séquence des opérations des comptes PERRUC. Le lecteur peut vérifier que la somme des emplois des comptes courants d'un SI (côté gauche du TEE) égale celle de ses ressources ; et qu'il en est de même pour ses variations d'actifs (gauche) et de passifs (les raisons ont été exposées au début du chapitre II).

Pour simplifier le tableau, nous avons supprimé quatre colonnes : deux colonnes de totaux, deux pour les « biens et services » (voir *infra*).

* Le RDM. On a expliqué (p. 61) que, pour le RDM, la séquence des comptes PERRUC était remplacée par trois comptes (dernière section du chapitre III) ; on les retrouve ici, ainsi que leurs soldes (chaque solde figure à gauche et est aussi à droite comme ressource du compte suivant) : solde extérieur des biens et services (négatif pour le RDM, il signifie que le solde extérieur de la nation est positif, ce qui se vérifie lorsque l'on compare les importations et les exportations), solde extérieur courant qui est l'équivalent de l'épargne pour les SI résidents (négatif pour le RDM, donc positif pour la nation : celle-ci va augmenter sa richesse à l'égard du RDM), capacité de financement (négative pour le reste du

monde, elle signifie qu'il a un besoin de financement à l'égard de la nation, autrement dit que la nation a une capacité de financement positive). Les impôts liés à la P et à l'IM reçus par le RDM sont versés par la nation à l'Union européenne. Les subventions reçues du RDM sont versées par l'UE à des résidents (agriculteurs...). Rappelons au lecteur qui rencontre des difficultés à interpréter les opérations du RDM que les importations de la France sont une ressource pour le RDM, donc inscrites du côté droit.

* Comptes d'opération. Alors que les colonnes reprennent les comptes des SI, on peut lire en ligne les *comptes d'opération* qui indiquent pour une opération les ressources et les emplois ; par exemple, comment les intérêts se répartissent en fonction des secteurs qui les reçoivent (côté droit) et de ceux qui les versent. Les comptes d'opération ne nous disent pas en revanche « qui verse à qui » ; pour cette raison, on dit que ce sont des *comptes-écrans* comme les comptes des SI (dans le TES, le compte des consommations intermédiaires n'est pas un compte-écran).

* Complications peu utiles. Le « vrai » TEE comprend des colonnes de totaux qui permettent de constater que le total des intérêts versés égale celui des intérêts reçus. Cette égalité entre ressources et emplois existe pour chaque *opération de répartition* : intérêts, rémunérations des salariés, cotisations sociales, bénéfices réinvestis d'investissements directs étrangers (sur cette dernière opération, voir *infra*). Les seules opérations de répartition qui échappent à cet équilibre comptable sont les impôts et les subventions sur les produits en raison des complications qu'introduit la mesure de la production aux prix de base. Pour résoudre ce « problème » (qui n'en est pas vraiment un), ont été introduites des écritures compliquées à expliquer et d'un intérêt mineur. Nous les avons supprimées. Pour les autres opérations de répartition et toutes les opérations financières, on peut retrouver l'égalité des ressources et des emplois pour le compte de chaque opération en additionnant de chaque côté l'économie nationale (éco) et le reste du monde. Exemple : le total des *titres hors actions* vaut 509 : 340 + 169 à gauche et 366 + 143 à droite. Pour gagner un peu de place, nous avons supprimé ces totaux.

Si les opérations de répartition, à ces deux exceptions près, donnent lieu à des comptes d'opération équilibrés en ligne, il n'en est pas de même évidemment pour les opérations sur produit. Pour celles-ci en effet, l'équilibre des ressources (PIB et importations) et des emplois (DC, FBC, exportations) ne peut être retrouvé que globalement (voir p. 24). Pour que chaque ligne du tableau soit équilibrée, les comptables nationaux ont introduit dans le « vrai » TEE, de chaque côté, une colonne intitulée « biens et services » dans laquelle ils écrivent la contrepartie de chaque opération sur produit (par exemple, pour les exportations ils inscrivent une deuxième fois 279 dans la colonne « biens et services » située du côté des emplois). Ainsi — oh joie intense ! — les lignes sont-elles équilibrées... Tout en admettant qu'il pouvait exister une addiction légitime à l'esthétique comptable, nous avons supprimé ces colonnes à l'utilité marginale négative pour les utilisateurs.

* Colonnes « non ventilé » (nv). Les deux colonnes « non ventilé » servent à traiter le problème posé par l'utilisation des SIFIM (voir p. 26 et 61). Les SIFIM donnent lieu à une CI *non répartie* de 27 qu'on décide de faire absorber par l'ensemble du système productif (voir p. 18). La CI totale des SI, c'est-à-dire de l'économie nationale (colonne éco), n'est donc pas la somme des CI des SI mais cette somme augmentée de 27. Cette correction se répercute sur le total des VA qui n'est pas la somme des VA des SI, mais ce total diminué de 27 (si le total des CI augmente, celui des VA doit obligatoirement baisser). Ce qui réduit le total de l'EBE, qui n'est pas 283 mais 256. Ce problème n'existe plus à partir du solde des revenus primaires car l'ajustement pour services bancaires (expliqué p. 61) a rétabli la situation. Ce problème disparaîtra évidemment le jour où les SIFIM seront répartis entre les SI (p. 62).

* Dans le TEE, l'économie nationale est obtenue en additionnant les colonnes des SI et la colonne « nv ».

* Revenu ajusté. Les intitulés des éléments qui permettent de reconstituer le compte de redistribution du revenu en nature et le compte d'utilisation du

TEE 2001 (PIB = 1000)

	*Emplois**									*Ressources**								
	SNF	*SF*	*APU*	*Mé*	*ISBL*	*nv*	*éco*	*RDM*		*SNF*	*SF*	*APU*	*Mé*	*ISBL*	*nv*	*éco*	*RDM*	
P								279	exportations									P
									importations								263	
									production marchande	1 236	86	31	154	1		1 507		
									PEFP	5	1	1	81			88		
									autre P non marchande			181		8		189		
	718	42	52	45	5	27	889		consommation intermédiaire									
	523	46	161	190	4	– 27	895		VA brute	523	46	161	190	4	– 27	895		E
	– 79	*– 7*	*– 22*	*– 33*			*– 140*		*consommation capital fixe*									
	444	*39*	*139*	*157*	*4*	*– 27*	*755*		*VA nette*									
								– 16	solde extérieur de B et S								– 16	
E	338	25	135	26	3		529	2	rémunér. des salariés				529			529	1	
	24	3	4	8	e		157		impôts sur la production			151				151	6	
	– 4	– e	– e	– 1			– 19		subventions			– 12				– 12	– 6	
	165	18	22	79		– 27	256		EBE	165	18	22	79		– 27	256		R1
				78			78		revenu mixte				78			78		
R1									ajustement serv. banc.		– 27				27			
	47	122	32	23	e		223	36	intérêts	14	172	3	32	e		221	38	
	80	11					91	12	R distribués des sociétés	44	16	3	32			94	9	
	2	1					2	4	bénéf. réinvestis d'IDE	3	1					4	2	
		24					24		R attribués aux assurés	e	e	e	23			24	e	
	1			1			2		R des terrains et gisements			1	1			2		
	98	22	135	749	e		1 004		SRPB/RNB	98	22	135	749	e		1 004		R2
R2	23	9	e	93			125	1	impôts sur le revenu…			126				126		
				204			204	e	cotisations sociales	8	13	183				204	1	
	8	13	179		1		200	1	prest. soc. hors TSN				198			198	2	
	8	23	57	26	1		116	8	autres transferts courants	5	22	50	24	8		110	14	
	73	11	258	648	7		997		revenu disponible brut	73	11	258	648	7		997		U
U			142	544	6		692		DCF individuelle									

			91				91		DCF collective									
									(redistribution en nature)									
			142		*6*		*148*		*(transferts sociaux en nature)*				*148*			*148*		
	73	*11*	*116*	*796*	*e*		*997*		*(RDAB)*	*73*	*11*	*116*	*796*	*e*		*997*		
			91	*692*			*783*		*(consom. finale effective)*									
	73	11	25	104	e		214		épargne brute									C
	–6	*5*	*3*	*71*	*e*		*73*		*épargne nette*									
								–12	solde extérieur courant									
C	103	8	35	55	e		201		formation brute de capital									
									transferts en capital reçus	7	1	14	4	1		26	1	
									transferts en capital versés	–1	–1	–19	–6			–27	–1	
	–24	3	–14	46	1		12	–12	capacité de financement									
	e	*e*		*6*	*e*		*7*	*–7*	*ajust. non fin./financiers*									
									Compte financier									
									solde des var. d'A et P	–23	3	–14	53	1		19	–19	
	113	535	3	70	1		721	234	total des variations	136	532	17	17	e		702	253	
		e					e		or monétaire et DTS								e	
	15	85	–3	16	e		113	19	numéraire et dépôts	1	103	–3				100	31	
	5	336	e	–1	e		340	169	titres autres qu'actions	24	318	23				366	143	
	35	35	2	1			73	24	crédits	46	4	–3	18	e		65	32	
	47	80	1	10	1		138	24	actions et participations	59	56					115	48	
	e			45			45	e	provisions tech. d'assurance		45					45		
	11	–2	3	–1			11	–2	autres comptes	6	6	0	–1			11	–1	
									Autres changements									
	5	e	–4	e	–e		2		actifs non financiers									
									Réévaluations									
	55	4	25	149	e		234		actifs non financiers									
	–210	–430	–24	–153	–1		–819	–236	actifs ou passifs financiers	–515	–321	1	–2			–836	–218	
									Patrimoine de clôture									
	1 513	96	605	2 206	2		4 423		actifs non financiers									
	2 181	4 259	347	2 110	28		8 925	1 686	actifs ou passifs financiers	3 483	4 125	724	461	6		8 800	1 811	
	1 254	1 007	141	872	16		3 289	634	(dont actions et particip.)	2 233	954					3 289	735	
									valeur nette	211	230	228	3 855	24		4 548	–125	
									fonds propres	*2 445*	*1 184*							

*Emplois et ressources deviennent VDA et VDP à partir du compte de capital, puis actifs et passifs dans le dernier compte.

revenu disponible ajusté (voir p. 53) sont introduits entre parenthèses juste avant l'épargne.

* Les comptes financiers constituent une version simplifiée du TOF (voir p. 70).

* Autres changements. Les « autres changements de volume et ajustements » ont été présentés p. 76. Évidemment plus détaillés dans le « vrai » (18 lignes).

* Réévaluations. Déjà présentées p. 76. 18 lignes également dans le TEE officiel.

* Patrimoine de clôture. Il est obtenu en ajoutant aux éléments du patrimoine de clôture de l'année antérieure toutes les modifications reliées à l'année en cours et présentes dans ce TEE dans les comptes d'accumulation et les comptes de variations de patrimoine (voir p. 76).

Les revenus d'IDE dans le TEE

Il y a investissements directs étrangers (IDE) lorsque l'opération conduit à contrôler plus de 10 % du capital social d'une entreprise. Il y a donc des IDE de la France vers le RDM, et des IDE du RDM vers la France. Les flux d'IDE apparaissent explicitement dans la balance des paiements (voir p. 63). Envisageons les IDE de la France dans le RDM. Ces IDE s'accumulent et leur stock est à l'origine de revenus versés à l'investisseur, notamment sous la forme de dividendes (ces revenus sont inclus dans les 12 de « revenus distribués des sociétés » qui apparaissent en emplois du RDM et dans les 44 et 16 qui sont sur la même ligne des ressources des SI investisseurs, à savoir les SNF et les SF). Mais une partie des bénéfices des sociétés n'est pas distribuée. La CN fait comme si ces bénéfices non distribués étaient tout de même versés à l'investisseur et comme si celui-ci les réinvestissait immédiatement. On constate effectivement dans le TEE que le RDM verse (c'est un emploi pour lui) 4 de « bénéfices réinvestis d'investissements directs étrangers » ; 3 sont reçus par les SNF et 1 par les SF (ce sont pour elles des ressources). Le fait que SNF et SF les réinvestissent immédiatement est pris en compte dans la ligne « actions » du compte financier (et dans le flux d'IDE de la balance des paiements). L'intérêt d'un tel traitement est de mieux décrire l'évolution réelle du revenu des sociétés en France et de l'accroissement de leurs actifs financiers. Le traitement des revenus engendrés par les IDE du RDM en France est symétrique : les bénéfices effectivement distribués à cette occasion sont dans les 9 de « revenus distribués des sociétés » reçus par le RDM, qui reçoit également 2 de « bénéfices réinvestis d'IDE » versés par les SNF (2) et les SF (1) ; ici 2 + 1 = 2 en raison d'un problème d'arrondis. Ce traitement des revenus d'IDE est d'autant plus intéressant que, compte tenu de la croissance vertigineuse des flux d'IDE, les bénéfices réinvestis sont certainement appelés à devenir sensiblement plus importants.

VI / La précision des comptes nationaux

Lorsqu'un statisticien n'est pas satisfait de la qualité d'une enquête ou estime insuffisante la précision d'une évaluation obtenue à l'aide d'un sondage, il peut renoncer à publier les résultats douteux. Les comptables nationaux sont dans une situation très différente : ils doivent remplir les comptes et les tableaux prévus par le SEC, même si la qualité des estimations qu'ils ont effectuées leur semble médiocre. Ils essaieront de les améliorer dans l'avenir, mais les comptes doivent absolument « sortir » à la date convenue sur la base des moyens de traitement de l'information et des sources disponibles. Certaines opérations peuvent être évaluées à l'aide de la comptabilité de certaines unités économiques (entreprises non individuelles...), d'autres sont en quelque sorte des sous-produits d'activités administratives normales (fisc, douane...), d'autres résultent d'enquêtes statistiques *ad hoc*, d'autres enfin découlent d'hypothèses formulées par les comptables nationaux eux-mêmes, ou de relations comptables. La confrontation des sources conduit à la mise en évidence de contradictions qu'il faut résorber au moyen d'arbitrages (voir *infra*) sur la nature desquels l'observateur extérieur ne peut obtenir que peu d'informations. Ce chapitre fait le bilan de ce que l'on sait de la précision des comptes nationaux.

La description des méthodes utilisées par les comptables nationaux pour remplir le cadre comptable est nécessaire pour comprendre *dans quels termes* peut être appréhendée la précision des comptes. Une question rarement abordée par les chercheurs, bien qu'elle soit évidemment fondamentale pour utiliser correctement les résultats apparemment très précis de la CN.

Pour élaborer les comptes de l'année n, on essaie de déterminer les évolutions de n – 1 à n plutôt que les *niveaux* atteints en n. En présence de sources imparfaites et incomplètes, il est en effet plus facile de déterminer le taux de variation d'une grandeur économique que son niveau. Lorsqu'on utilise par exemple des fichiers fiscaux, il suffit de comparer les résultats obtenus à partir d'un échantillon représentatif à ceux qui ont été obtenus l'année précédente à partir du même échantillon pour avoir une bonne estimation des évolutions, alors que l'incertitude sur les niveaux est importante. Cependant, on ne peut se contenter d'évaluer des évolutions annuelles que si l'on dispose d'une estimation convenable des niveaux pour une année antérieure appelée *année de base* des comptes.

1. L'année de base

La première étape dans l'élaboration des comptes est donc la construction de l'année de base. Pour cette année-là, on établit les comptes en niveau pour chacune des opérations de chaque branche et de chaque SI. Cela requiert la mobilisation de toutes les sources disponibles et la mise en place de moyens d'investigation « lourds » (recensements de diverses natures, enquêtes spéciales...). Cela implique aussi un travail méthodologique considérable puisqu'il faut décider d'une façon précise comment chacune des notions comptables sera délimitée et évaluée (par exemple, les nomenclatures retenues dans les sources disponibles ne sont pas nécessairement celles de la CN...). Travail gigantesque puisque les sources sont multiples (administratives, fiscales, professionnelles, statistiques...), éventuellement redondantes, mais contradictoires, quelquefois inexistantes. Ainsi que nous l'avons déjà dit, il faudra souvent réaliser des arbitrages [1] entre plusieurs valeurs possibles pour le même poste, faire des hypothèses sur la ventilation de la valeur d'un flux entre plusieurs opérations ou entre plusieurs sous-secteurs. De ce point de vue, les contraintes de cohérence comptable jouent un rôle capital. Parce que les délais nécessaires pour tous ces travaux sont longs (quatre ou cinq ans) et les coûts élevés, il est exclu de recommencer l'opération pour chaque année. C'est aussi pour cette raison que les comptes des années postérieures à l'année de base ne sont pas d'abord élaborés en niveau mais en évolution (taux de variation par rapport à l'année précédente) ; ils sont publiés en niveau.

Au fur et à mesure que l'on s'éloigne de l'année de base, la qualité des comptes diminue. Car les erreurs sur les évolutions annuelles peuvent se cumuler et les choix méthodologiques ou les arbitrages opérés sur l'année de base peuvent se révéler d'autant

1. Pour une même grandeur, le comptable national dispose *souvent* de deux estimations obtenues avec des méthodes et/ou des sources différentes. À partir d'une critique des sources et des méthodes *et de son expérience*, il lui faut alors « arbitrer », c'est-à-dire choisir l'une des deux estimations ou une estimation intermédiaire.

moins pertinents que la réalité est mouvante. Il faut alors changer d'année de base. L'élaboration de la nouvelle base permet d'utiliser de nouvelles sources, de rectifier des erreurs qui n'avaient pu être détectées lors de la construction de la base précédente, mais aussi, très souvent, d'introduire des modifications conceptuelles.

C'est ainsi que la base 1971, opérationnelle à partir de 1976, correspondait au passage au SECN. Elle remplaçait la base 1962 qui avait elle-même succédé aux bases 1959, 1956, 1952 et 1949.

En 1987, l'année de base 1980 est entrée en vigueur, ce qui s'est traduit par quelques modifications conceptuelles, mais aussi par la modification de la notion d'année de base : ce sont en fait plusieurs années (de 1977 à 1981) qui ont été élaborées et arbitrées quasi simultanément en niveau. L'année de base 1995, dans laquelle sont publiés les comptes depuis le printemps 1999, correspond également à quelques années.

Il est a priori *impossible d'apprécier l'erreur qui affecte les résultats d'une année de base* (ou des comptes définitifs d'une année quelconque), puisque aucune référence n'est disponible. En 1942, Kuznets estime que le PNB américain est connu à 10 % près. En 1964, Edmond Malinvaud pense que l'erreur sur le PIB français est « sans doute inférieure » à 3 %. En octobre 1995, à la suite d'une analyse du processus d'élaboration des comptes définitifs et d'une évaluation approfondie des erreurs inhérentes aux sources et à leur traitement, l'INSEE chiffre la précision du PIB (dans la base 1980) entre 1 % et 2 % en niveau et 0,2 % en évolution [Gallais, 1995].

En fait, les incertitudes sur les niveaux sont souvent peu gênantes (sauf pour les comparaisons internationales) car la plupart des utilisateurs s'intéressent surtout aux évolutions relatives. Imaginons qu'en 1978 l'INSEE s'aperçoive, grâce à l'exploitation d'une source nouvelle ou à la détection d'une erreur, que la production de la branche Y avait été sous-estimée dans le compte de l'année de base 1971, si bien qu'au lieu des 500 annoncés pour 1977 elle aurait dû être de 550. Imaginons aussi que les méthodes habituelles utilisées pour établir les comptes des années courantes (et non de l'année de base) montrent que la production de Y a augmenté de 5 % en 1978. Faut-il annoncer 525 pour 1978 (5 % de croissance) ou 577,5 en appliquant une hausse de 5 % au niveau rectifié (550 × 1,05 = 577,5), ce qui ferait apparaître une croissance de 15,5 % en 1978 (577,5 : 500 = 1,155) ? Autrement dit, faut-il corriger l'erreur sur le niveau mais tromper les utilisateurs quant au taux de croissance, ou faire le contraire ? En général, l'INSEE choisit la seconde solution et attend le changement d'année de base pour rectifier le niveau. Mais d'autres décisions peuvent être prises... Par exemple, celle d'introduire progressivement la correction de l'erreur sur le niveau, ce qui surévalue pendant plusieurs années la croissance de Y (voir Robin *in* [Archambault, Arkhipoff, 1986]). Des impératifs contradictoires ne sont ainsi respectés qu'au prix de compromis dont la plupart des utilisateurs ne sont pas conscients.

2. La révision des comptes

La CN doit concilier précision des résultats et rapidité de leur publication. Impératifs antinomiques que concilie la publication de comptes révisables. *Les comptes provisoires* de l'année n sont publiés en juin de n + 1. Ils seront ensuite révisés et publiés en juin de n + 2 (comptes semi-définitifs, dits SD), de n + 3 (comptes définitifs). En juin de n + 1, le *Rapport sur les comptes de la nation* présente donc le compte provisoire de n, le SD de n – 1, et le définitif de n – 2. Avant 1999, il y avait deux comptes semi-définitifs (au lieu d'un), c'est-à-dire quatre versions des comptes, mais les progrès réalisés permettent d'obtenir maintenant plus rapidement les comptes définitifs.

S'il faut attendre aussi longtemps pour avoir la version définitive des comptes d'une année, c'est parce que les délais de disponibilité et d'exploitation des sources sont considérables. Prenons l'exemple des sources relatives aux entreprises. Pour élaborer le compte provisoire, seules sont utilisables des enquêtes de branche qui fournissent surtout des quantités physiques, et des enquêtes de conjoncture le plus souvent qualitatives. Faute de sources satisfaisantes pour de très nombreux postes, l'établissement du compte provisoire s'apparente à un exercice de *prévision du passé*. Pour le SD, les comptables nationaux peuvent exploiter un échantillon des déclarations fiscales sur les bénéfices industriels et commerciaux (BIC). L'élaboration du SD bénéficie aussi d'une utilisation plus complète des BIC et des résultats des enquêtes annuelles d'entreprises (EAE) réalisées par interrogation de 200 000 entreprises. Enfin, le compte définitif est établi à l'aide du Système unifié de statistiques d'entreprises (SUSE) qui résulte de la fusion des fichiers BIC et EAE, et comprend 2,5 millions d'entreprises. La CN faisait une synthèse macroéconomique des sources relatives aux entreprises : des arbitrages étaient opérés en confrontant les totalisations qui résultaient de l'exploitation séparée de chacune des sources. Avec SUSE, c'est maintenant une synthèse microéconomique qui est réalisée : toutes les informations disponibles sur *une* entreprise sont rapprochées et rendues cohérentes entre elles. SUSE permet ainsi une amélioration sensible de la qualité des évaluations et accroît le nombre des variables susceptibles d'être étudiées simultanément. Le passage

Les comptes trimestriels

En fournissant une description macroéconomique relativement détaillée, ces comptes permettent de mieux apprécier l'évolution de la conjoncture et d'alimenter en données chiffrées les modèles de prévision qui aident la direction de la Prévision du ministère des Finances à préparer les budgets économiques (voir p. 107). Ils remplissent une fonction essentielle dans la connaissance du passé. La trimestrialisation des comptes permet en effet d'apprécier à partir de séries longues les délais entre événements : délais entre hausses des prix et des salaires, entre mouvement du revenu et de la consommation, entre production, investissement et emploi, etc. L'estimation de ces délais et de leurs évolutions permet de déterminer des « structures de retard » dont la connaissance facilite la compréhension de la dynamique économique et est indispensable à la construction et à l'estimation des modèles économiques.

L'INSEE publie les comptes trimestriels du trimestre T à la fin de T + 1. Ceux-ci sont révisés à la fin de T + 2, T + 3, etc., et rendus cohérents avec les comptes annuels lorsque ceux-ci sont publiés.

La construction des comptes trimestriels du passé immédiat est très difficile puisque peu d'informations sont disponibles. Elle repose sur un principe simple, mais dont l'application est complexe : associer à chaque opération d'un compte un *indicateur* dont l'évolution peut être considérée comme représentative de celle de l'opération. Le poste « FBCF des SNF et EI en matériel de transport » sera par exemple apprécié à partir des statistiques mensuelles d'immatriculation de véhicules utilitaires. Il existe environ 1 000 indicateurs qui permettent d'établir des comptes relativement détaillés puisque le TES comporte 41 branches.

Dans la base 1995 la concertation entre les comptes trimestriels et comptes annuels est très forte, ce qui, quelquefois, modifie les modes de réflexion et de calcul des comptables.

Les comptes trimestriels peuvent donner lieu à d'importantes révisions. C'est ainsi que, au début de mars 2002, les comptables nationaux américains ont annoncé une révision de la croissance du PIB au dernier trimestre 2001 : 1,4 % remplaçant le 0,2 % précédemment avancé.

des données de la comptabilité des entreprises à celles de la CN est effectué grâce au Système intermédiaire d'entreprise, outil méconnu mais fondamental (voir [Lequiller, 2000], [Augeraud, 2001] et [Augeraud, Briot, 1999]).

3. La précision des comptes provisoires

S'il est difficile d'apprécier la précision du compte définitif (sauf à dire qu'elle est inférieure à celle des résultats de l'année de base, elle-même inconnue...), on peut en revanche être certain que celui-ci est meilleur que le compte provisoire, puisqu'il intègre des données plus complètes et de meilleure qualité.

La comparaison du compte provisoire de l'année n et du compte définitif de l'année n donne une indication sur l'incertitude qui affecte le premier. On y trouve des écarts significatifs entre les *niveaux* des évaluations provisoires et définitives pour une année donnée. Notamment pour les soldes de certains comptes en vertu d'un « effet poubelle » : les « erreurs » sur les postes d'un compte se répercutent sur son solde sans nécessairement se compenser, et l'écart relatif est d'autant plus élevé que le solde est faible.

L'incertitude des évaluations provisoires doit cependant être moins appréhendée en termes de précision que dans une optique de fiabilité, c'est-à-dire en envisageant la précision par rapport aux besoins des utilisateurs. Ceux-ci sont plutôt intéressés par les évolutions et celles-ci semblent plus précises que les niveaux. On peut souligner que la forte précision apparente de certaines évolutions peut sembler insuffisante lorsqu'il s'agit de données lourdes d'enjeux sociaux et politiques (par exemple l'évolution du pouvoir d'achat des salaires en 1981, révisée seulement de 0,8 %, mais qui avait été annoncée négative dans le provisoire, alors qu'elle a été finalement positive). L'INSEE insiste sur le fait que les profils des taux de croissance (c'est-à-dire les accélérations ou les décélérations de la croissance) sont généralement moins révisés que les taux eux-mêmes, ce qui renforce l'intérêt des comptes provisoires.

Les révisions effectuées entre les comptes provisoires et définitifs sont supérieures en base 1980 à celles constatées en base 1971. Les premiers comptes en base 1995 semblent également bénéficier d'amples révisions. C'est ainsi que les données publiées en 2002 annoncent une croissance du volume du PIB de 3,8 % pour 2000 (compte semi-définitif), alors qu'en 2001 le compte provisoire indiquait « seulement » 3,1 % pour cette même année 2000 ! La croissance de 1999, évaluée à 2,9 % dans le semi-définitif publié en 2001, est portée à 3,2 % dans le définitif publié en 2002. En 2001, la croissance de la valeur de la FBCF des SNF pour les deux années précédentes était de 16 % ; en 2002, cette même croissance est évaluée à 22 %. Mais cette ampleur accrue des révisions ne trahit pas nécessairement une dégradation de la qualité des comptes nationaux. Bien au contraire. L'INSEE l'explique par une amélioration de la qualité des comptes définitifs plus forte que celle des comptes provisoires (par construction, un compte définitif qui mobiliserait des sources peu différentes de celles qui sont utilisées pour construire le compte provisoire serait peu différent de celui-ci). On peut penser cependant que les révisions seraient moins fortes si la conjoncture depuis 1986 (premier compte provisoire de la base 1980) avait été moins chaotique. Il est en effet établi que les comptes provisoires ont tendance à « lisser » les évolutions. Les causes en sont la prudence des comptables nationaux, mais aussi le

La précision de l'évaluation du taux d'épargne des SNF*

Taux d'épargne en %	*Provisoire*	*Semi-déf. 1*	*Semi-déf. 2*	*Définitif*
1984			10,7	10,8
1985		11,1	11,3	11,2
1986	12,7	14,1	14,2	15,0
1987	14,5	14,2	14,7	15,3
1988	14,6	16,3	17,3	18,2
1989	15,5	16,6	17,2	17,3
1990	15,4	16,1	16,0	16,1
1991	15,4	16,3	16,4	16,7
1992	17,0	16,3	16,5	16,2
1993	15,9	16,1	16,6	
1994	17,3	17,8		
1995	18,1	17,9		

NB. — En 1987, l'INSEE publie la série 12,7, 11,1 et 10,7 ; en 1988 la série 14,5, 14,1, 11,3 et 10,8 ; etc. * : hors grandes entreprises nationales.

Les comptes n'ont été publiés en base 1980 qu'à partir de 1987 et les comptes publiés en 1997 proposaient seulement une révision pour 1995 (SD1) car les comptables nationaux étaient trop occupés à préparer les comptes en base 1995 pour pouvoir réviser à nouveau 1994 et 1993. On ne dispose donc que d'une série assez courte (*cf.* tableau).

Nous nous intéressons à la précision de la mesure de l'*évolution du taux d'épargne*. Il s'agit donc de comparer la variation du taux SD1 (semi-définitif 1) de *n – 1* au taux provisoire de *n* (l'un et l'autre publiés en *n + 1*) à la variation du taux définitif de *n – 1* au taux définitif de *n*. En 1987, par exemple, les comptes publiés indiquent que le taux est passé de 11,1 en 1985 (SD1) à 12,7 en 1986 (provisioire) ; cette variation de 1,6 devient 3,8 dans les comptes définitifs publiés en 1990 (11,2 pour 1985 et 15,0 pour 1986). Les comptes publiés en 1987 ont donc sous-estimé l'évolution du taux de 2,2. Le tableau suivant est construit selon ces principes :

Année n		*1986*	*1987*	*1988*	*1989*	*1990*	*1991*	*Somme*
Évolution du taux SD1 de n–1 au taux provisoire de n	(a)	1,6	0,4	0,4	– 0,8	– 1,2	0,0	0,4
Évolution entre les taux définitifs de n – 1 et n	(b)	3,8	0,3	2,9	– 0,9	– 1,2	0,6	5,5
Sous-estimation	(b-a)	2,2	– 0,1	2,5	– 0,1	0,0	0,6	5,1

Ces résultats semblent montrer que la comptabilité nationale « disjoncte » lorsque le taux varie brutalement. Elle semblerait être d'autant plus précise que les évolutions (définitives) sont faibles. Ce n'est pas très encourageant à une époque où l'économie devient de plus en plus cyclique, pour ne pas dire erratique. Au total apparaît une sous-estimation de l'amélioration des résultats des sociétés dont on peut se demander si elle n'a pas contribué à fausser gravement le diagnostic des gouvernements.

Il serait par ailleurs souhaitable que les commentateurs n'écrivent plus des éditoriaux péremptoires (par exemple sur la médiocrité des résultats des sociétés) en « oubliant » que les comptes sont révisés. À lire certains pendant plusieurs années, on pourrait penser que le taux d'épargne n'a augmenté que de 0,4 % de 1985 à 1991 (somme de la ligne *a*), alors qu'il est tout de même passé de 11,2 à 16,7 % (soit + 5,5 somme de la ligne *b*).

fait que certains indicateurs sont structurellement biaisés : les indicateurs d'activité utilisés pour élaborer le provisoire sont souvent construits à partir de comparatifs, ce qui sous-estime les créations de nouvelles entreprises en cas d'accélération conjoncturelle et les disparitions d'entreprises en cas de décélération [Gallais, 1995].

Il est important de souligner que la fiabilité des comptes ne doit pas être seulement appréciée « en moyenne ». Ce qui devrait importer à l'utilisateur, c'est l'*incertitude* que fait peser sur l'appréciation d'une évolution l'éventualité d'une révision ultérieure dont l'ampleur reste imprévisible. De ce point de vue, il faut bien constater que « la quasi-totalité des analyses ne prennent pas en compte le fait que les données non définitives seront par la suite modifiées, et considèrent ces données comme aussi sûres que les données définitives » (Penin, *op. cit.*).

4. La rétropolation des comptes

Lorsque la CN change d'année de base, les comptes obtenus avec les nouvelles méthodes ne sont pas directement comparables aux comptes élaborés selon l'ancienne base. Les différences tiennent non seulement aux modifications conceptuelles, mais aussi au fait que de nouvelles sources sont utilisées et des sources déjà existantes mieux exploitées. Pour ne pas rompre la continuité des séries statistiques (indispensable à la qualité des analyses), il faut donc recalculer en base nouvelle les comptes des années antérieures. Cette *rétropolation* des comptes permet donc d'avoir des comptes définitifs différents pour la même année. Par exemple, l'année 1971 est ainsi disponible dans les bases 1962, 1971, 1980, mais pas dans la base 1995 dont la rétropolation (publiée seulement en 2002) ne remonte qu'à 1978.

Si l'on isole les effets de la rétropolation dus aux changements conceptuels, on peut étudier comment les nouvelles méthodes — en principe meilleures — modifient les évaluations obtenues avec l'ancienne base. On s'aperçoit alors, par exemple, que la FBCF des entreprises de 1970 à 1975 obtenue avec la base 1962 doit être sensiblement révisée à la baisse avec la base 1971. Une correction contraire résultait du passage de la base 1959 à la base 1962. En pratique, ces comparaisons se révèlent extraordinairement complexes et sont trop peu pratiquées pour que les enseignements en soient clairs. Pour l'année 1975, les effets du changement d'année de base et de la révision des comptes se sont télescopés et ont conduit à deux images différentes de l'évolution de l'économie française. Au début de 1976, le compte provisoire de 1975 fait apparaître une baisse d'au moins 2 % de la production intérieure brute (agrégat de la base 1962 dans laquelle ce compte est construit). Dans le compte définitif de 1975 (publié en 1979 dans la base 1971), le PIB... augmente de 0,3 %. La différence s'explique en partie par les innovations de la base 1971 : la prise en compte du non-marchand ajoute 0,3 % de croissance, le meilleur traitement de la TVA, 0,4 %. Le reste est dû à des problèmes d'évaluation des variations de stocks, mal résolus dans le compte provisoire.

Malgré les améliorations apportées à la CN, des erreurs importantes peuvent encore se produire. À la fin de la guerre, Churchill proclamait dans un grand discours : « S'il est une chose sûre, c'est que nous ne referons pas les erreurs du passé. » Et d'ajouter à voix basse pour les seules personnes qui l'entouraient : « Mais nous en ferons d'autres » (Penin, *op. cit.*). Cela ne signifie pas qu'il faut renoncer à améliorer et à utiliser la CN.

Les comptables nationaux sont bien placés pour savoir à quel point les résultats précis qu'ils publient sont incertains, même s'ils sont obtenus à partir de sources de plus en plus sophistiquées. Qu'ils fassent partager cette conviction aux utilisateurs serait une amélioration salutaire. Ils pourraient, par exemple, publier systématiquement avec les comptes provisoires d'une année des informations synthétiques mais précises sur les révisions opérées sur les comptes provisoires du passé. Quant aux niveaux, pourquoi ne pas adopter la pratique des Britanniques qui leur attribuent des notes d'incertitude (A : + ou – 3 % ; B : + ou – 10 % etc.) ? Ces notes seraient nécessairement subjectives, mais elles auraient le mérite de faire prendre conscience à l'utilisateur qu'un résultat exprimé au million d'euros près peut être entaché d'une incertitude exprimable en centaines de millions, voire en milliards d'euros.

Le travail ingrat, obscur et non valorisant de critique des statistiques rebute la plupart des économistes. Pour eux, les chiffres de la CN sont des données et non les résultats d'une longue chaîne de traitements conceptuels et méthodologiques, et d'approximations de qualité variable dont la « méthode du doigt mouillé » n'est pas toujours absente. Très significative et représentative est, par exemple, l'attitude d'A. Mingat, P. Salmon et A. Wolfelsperger qui écrivent : « Les données de fait *(sic)* sont produites par des agences statistiques spécialisées. Le travail à effectuer consiste à les analyser, à produire des théories susceptibles d'en rendre compte ou à les incorporer telles quelles dans des modèles. Le problème de la mesure ne se pose pas. Cela bien sûr ne veut pas dire que ces données soient d'ailleurs nécessairement "justes" [...] mais elles existent et leur valeur s'impose à la collectivité des chercheurs. » Ces remarques ne sont pas nécessairement « justes », mais elles existent dans un manuel de *Méthodologie économique*... (collection « Thémis », PUF, 1985).

VII / Comment interpréter la comptabilité nationale ?

Les problèmes de précision sont d'une certaine façon beaucoup moins importants que ceux posés par l'interprétation de la CN. Qu'importe, en effet, une mesure précise si ce qui est mesuré n'a pas de sens, ou a une signification dénuée d'intérêt pour les utilisateurs, ou bien encore ne peut être correctement interprété que par quelques dizaines de comptables nationaux. De ce point de vue, la précision des définitions, évidemment indispensable, ne garantit rien. Les comptables nationaux eux-mêmes en sont bien convaincus, intitulant la première session du premier colloque de CN organisé par l'INSEE et par l'université Paris-I : *Que prétend mesurer la comptabilité nationale ? Le fait-elle ?* [Archambault, Arkhipoff, 1986]. Des questions auxquelles ce colloque ne répond pas vraiment, mais qui dénotent bien qu'en matière de CN, et malgré les avancées techniques réalisées depuis soixante ans, la question du sens n'est pas l'apanage de quelques universitaires en mal de métaphysique. Ce chapitre présentera également des remarques précises sur des aspects plus limités, qui ne posent pas de problèmes d'interprétation aux comptables nationaux, mais font l'objet d'erreurs d'interprétation de la part de nombreux utilisateurs.

1. La rationalité des évaluations monétaires et des prix

Les opérations enregistrées dans les comptes sont exprimées en unités monétaires et correspondent, à chaque fois que c'est possible, à des prix de marché. La théorie économique dominante (dite « néoclassique ») enseigne que, dans des conditions à vrai dire très particulières (concurrence parfaite...), le rapport entre les prix de marché de deux biens est égal au rapport des « utilités marginales » de ces biens pour le consommateur et au rapport des « coûts marginaux » pour le producteur. Autrement dit, si une paire de bretelles vaut deux camemberts, c'est parce que l'utilité procurée à l'acheteur par la consommation d'une paire de bretelles supplémentaire est égale à celle qu'il retire de la consommation de deux camemberts supplémentaires, et que la production de ceux-ci coûte autant que la production de celles-là. Les relations hypothétiques qu'entretiennent ainsi les prix avec l'utilité justifient aux yeux de nombreux économistes l'opération qui consiste à additionner des prix, ce que les comptables nationaux ne cessent de faire dans leurs évaluations. Edmond Malinvaud, directeur de l'INSEE jusqu'en 1987, fait remarquer que « c'est une opération hardie et imparfaitement justifiée ». C'est un euphémisme : le système réel des prix a souvent des rapports lointains avec l'idéal néoclassique.

En fait, l'unité monétaire n'est pas un étalon de mesure *construit*, c'est un étalon *imposé* par la nature du système économique. Si les évaluations monétaires sont rationnelles, c'est parce qu'elles expriment la réalité des relations marchandes et/ou monétaires sur lesquelles repose le fonctionnement de l'économie nationale. Que ces évaluations aient peu de rapports avec les exigences scientifiques est d'une certaine façon secondaire ; il importe en revanche d'admettre qu'elles sont bien un miroir des évaluations que la société engendre. La CN est moins scientifique que réaliste : elle additionne ce que la société additionne. Elle ne mesure pas au sens rigoureux du terme, ce qui supposerait l'existence d'un espace homogène du point de vue de l'étalon (par exemple, celui de la concurrence parfaite) ; la CN *ne mesure pas*, mais elle *enregistre*. Si l'enregistrement est monétaire, ce n'est pas seulement parce que « c'est commode » (comme le disent avec un bon sens évident, qui oublie l'essentiel, la plupart des manuels de CN), c'est plus fondamentalement parce que la monnaie est le vecteur de la transmission et du comptage de l'appropriable, le lien qui réalise (et sanctionne éventuellement) l'interdépendance d'unités économiques formellement indépendantes ; parce que, par la monnaie et par les prix, se révèle une équivalence sociale non « scientifique » mais bien réelle entre les produits, entre les activités. Les prix ont certes peu à voir avec les fantasmes axiomatisés des néoclassiques, mais à travers eux peuvent se lire les taux *effectifs* de substitution entre les produits, les activités, les « facteurs de production » ; des taux qui résultent au moins autant de rapports de pouvoir historiquement produits que d'utilités ou de coûts marginaux. Dans cette perspective, le fait que la CN privilégie les évaluations monétaires et marchandes, réduise le non-marchand socialement organisé (administrations) à du monétaire, et exclue tout ce qui résiste à cette réduction ou est socialement dévalorisé (production domestique), exprime tout simplement une hiérarchie produite par la société elle-même. C'est notre système économique qui rend à la fois

« commodes » les évaluations monétaires et « sympathiques mais pas réalistes » les autres. Chasser le quantitatif au profit du monétaire et le qualitatif au profit du quantitatif n'est pas un principe de la CN, mais bien le résultat normal d'une économie marchande et monétaire dans laquelle les activités et leurs produits doivent nécessairement passer par la forme monétaire pour être socialement validés. Cela étant — très sommairement — dit, l'approche monétaire pose des problèmes redoutables même d'un point de vue purement technique, car les grandeurs enregistrées sont nécessairement nominales. Or, la CN et ses utilisateurs veulent aller plus loin : saisir le « réel » derrière le nominal.

2. La prise en compte des changements de prix

Tout changement de valeur résulte d'une variation de prix et/ou d'une variation de « volume ». La variation de volume correspond à tout ce qui ne s'explique pas par le changement de prix (la quantité, mais aussi la qualité, les nouveaux produits). Il ne faut donc surtout pas confondre volume et quantité. Le volume ne peut pas être défini autrement que comme de la *valeur à prix constants*. L'élaboration d'indice de prix est donc un préalable au calcul des évolutions en volume. Si la valeur a été multipliée par v et le prix par p, le volume l'a été par v/p. Avec des indices égaux à 1 pour l'année de base, on peut donc écrire que l'indice de volume égale l'indice de valeur divisé par l'indice de prix (l'introduction d'indices en base 100 ne change évidemment pas le principe). Le lecteur trouvera dans le « Repères » sur *L'Indice des prix* un exposé des difficultés de construction, de calcul et d'interprétation des indices de prix (l'encadré p. 113 du présent livre donne une idée de l'ampleur des enjeux).

La CN ne calcule évidemment pas un seul indice de prix mais autant que d'opérations sur biens et services : DC des ménages (indice 280 en 2001 sur base 100 en 1978), FBCF (213,7), exportations (190,2), importations (199,0), etc. (des deux derniers indices on peut déduire l'évolution des *termes de l'échange* de la France de 1978 à 2001 : 190,2/199 = 0,956 ; soit une détérioration de 4,4 %). Existent aussi des indices de prix de la valeur ajoutée. Comme celle-ci est un solde, on ne peut calculer son indice de prix qu'indirectement à partir d'une méthode dite de « double déflation » : en retirant de la production à prix constants d'une branche sa CI à prix constants, on obtient sa VA à prix constants ; de la comparaison de cette dernière avec la VA à prix courants, on déduit l'indice de prix implicite de la VA. L'indice implicite de prix du PIB (260,4 en 2001, base 100 en 1978) est un bien meilleur indicateur de l'évolution générale des prix que l'indice des prix à la consommation des ménages, mais celui-ci présente l'avantage d'être calculé mensuellement.

Pour calculer les évolutions en volume des opérations financières ou de répartition (salaires, intérêts...), il faut utiliser des indices de prix d'opérations sur biens et services. Par exemple, l'indice des prix de la DC des ménages pour déflater l'évolution de leur RDB (on mesure donc implicitement le pouvoir d'achat de leur épargne avec un indice qui concerne leur consommation).

Les comptes nationaux annuels et trimestriels à prix constants sont établis aux prix de l'année de base (1995 actuellement). Comme l'explique l'encadré page 105, les inconvénients qui en découlent sont neutralisés par l'utilisation d'indices-chaînes. Appréciable progrès introduit par le SCN 93.

Au-delà des problèmes posés par les indices de prix (notamment dans la prise en compte des nouveaux produits [Lequiller, 1997]), il faut être conscient des difficultés d'interprétation liées à la déformation des prix relatifs. Par exemple, mesuré aux prix courants, le coefficient budgétaire des services (c'est-à-dire le poids des services dans la consommation des ménages) est passé de 33,9 % en 1970 à 46,8 % en 1996, soit une croissance de 12,9 points (comptes de la base 1980). Cette évolution n'exprime pas seulement la forte croissance du volume de la consommation de services mais aussi le fait que leur prix a augmenté plus rapidement (indice 615) que l'ensemble des prix (indice 531), autrement dit que leur prix relatif s'est accru (de 16 % ; 615/531 = 1,16). Si l'on neutralise ce dernier facteur d'élévation, l'évolution est nettement moins forte : mesuré aux prix de 1980, le coefficient budgétaire des services est passé en un quart de siècle de 34,8 % à 41,5 %, soit une croissance de 6,7 points. C'est impressionnant, mais moins que la variation de 12,9 points enregistrée à prix courants.

Pour certains produits, c'est le sens même des évolutions qui peut être modifié. Ainsi, pendant la même période, le coefficient budgétaire des biens durables est-il passé de 7,3 % à 7,0 % à prix courants, mais de 6,4 % à 9,4 % aux prix de 1980 (le prix relatif a baissé de 32 %). Le contraste est encore plus net pour les téléviseurs dont le coefficient budgétaire chute de 0,50 % à 0,24 % à prix courants, mais bondit de 0,30 % à 0,68 % à prix constants (le prix relatif a chuté de 83 %, ce qui correspond même à une baisse de 11 % des prix absolus).

La chute rapide des prix relatifs en électronique et en informatique perturbe fortement l'interprétation de certains résultats. Par exemple, la structure de la FBCF par produits de 1978 à 2001 se déforme manifestement très différemment à prix constants et à prix courants : le poids des matériels électrique et électronique est multiplié par 1,9 aux prix courants mais par 7,6 à prix constants. La baisse du prix relatif de la FBCF par rapport à celui de la VA permet d'expliquer une petite partie de la chute du taux d'investissement (FBCF/PIB) : moins 2,7 points à prix courants, plus 1,4 avec ceux de 1995. À suivre les tendances récentes, on peut se demander si ce type de phénomène n'est pas en train de s'amplifier [Lequiller, 2000].

Éléments sur la FBCF par produits (en % de la FBCF totale)	*Aux prix courants*		*Aux prix 1995*		*Indice des prix relatifs*
	1978	*2001*	*1978*	*2001*	
Automobile	5,5	8,7	5,8	9,5	79,2
Équipements mécaniques	14,0	13,5	9,9	13,5	57,9
Équipements électriques et électroniques	4,7	8,9	1,7	13,0	21,1
Construction	58,0	44,7	68,3	42,0	103,0
Services principalement marchands	10,3	17,6	12,5	16,1	109,3
FBCF totale	100,0	100,0	100,0	100,0	82,1
FBCF/PIB	22,9	20,2	19,2	20,6	

Lecture du tableau : en 1978, les produits de l'industrie automobile représentaient 5,5 % de la FBCF totale. Par rapport au prix du PIB, le prix relatif de la FBCF a diminué de 17,9 % (indice 82,1). Prix 1995 = prix de l'année précédente, chaînés, base 1995.

3. Une remise en cause du mode de calcul du revenu disponible

Traditionnellement, le RDB des ménages est considéré comme un indicateur satisfaisant de l'évolution de la situation des ménages. La variation de son pouvoir d'achat est calculée en utilisant l'indice des prix à la consommation. Nous allons montrer que cette façon de prendre en compte les effets de l'inflation est très insuffisante, bien qu'elle bénéficie d'un consensus relatif depuis que les polémiques sur l'indice des prix ont quasi disparu.

Presque tous les économistes sont d'accord — une fois n'est pas coutume — sur la célèbre définition du revenu donnée par J.-R. Hicks dans les années trente : « Le revenu d'une personne n'est autre que ce qu'elle peut consommer durant la semaine, tout en comptant être aussi riche à la fin de la semaine qu'au début [1]. » Il est clair que le RDB ou le RDAB ne sont pas une bonne approximation de cette notion parce qu'ils sont bruts, c'est-à-dire contiennent une consommation de capital fixe qui n'est manifestement pas un revenu.

1. J.-R. Hicks, *Valeur et capital*, Dunod, Paris, 1956, pour la trad. franç. Voir le chapitre VIII de l'irremplaçable [Vanoli, 2002].

La présence de la consommation de capital fixe fait du RDB une mauvaise mesure du revenu, mais elle n'empêche pas, à court terme, l'*évolution* du RDB d'être un bon indicateur de l'*évolution* du revenu. Car la consommation de capital fixe représente une proportion quasi constante (5 %) à court terme du RDB. Il n'en est pas du tout ainsi des effets de l'inflation que nous analysons maintenant.

Le RDB des ménages comprend des intérêts (car ceux qu'ils reçoivent sont supérieurs à ceux qu'ils versent). Le montant de ces intérêts dépend de l'importance de leurs créances et de l'inflation. Lorsque l'inflation augmente, le taux d'intérêt s'élève de façon à dédommager (en partie) les prêteurs des pertes qu'ils subiront lorsque leurs créances leur seront remboursées dans une monnaie dévalorisée. « Une partie de l'intérêt joue donc en fait un rôle de remboursement », comme l'écrit Malinvaud (cité par J.-P. Milot *in* [Archambault, Arkhipoff, 1986]). Autrement dit, les intérêts comprennent une prime pour dédommager le prêteur de la perte qu'il réalisera au moment du remboursement. L'absurdité de la CN est ici patente : elle considère que cette prime augmente le RDB des ménages, mais elle « oublie » d'enregistrer la perte comme amputation de ce même revenu. Dans le cas des dépôts à vue dans les banques, le traitement est analogue : la perte due à l'inflation est ignorée ; mais dans ce cas il n'y a pas de prime, puisqu'ils sont non rémunérés. Cette pratique de la CN — intégrer la prime pour dépréciation mais pas la dépréciation elle-même dans le calcul du RDB — biaise l'évaluation du revenu au sens de Hicks car les pertes dues à l'érosion monétaire peuvent être très importantes. Mais surtout elle empêche de considérer le RDB comme un bon indicateur de l'*évolution* du revenu car les pertes sont très irrégulières.

L'INSEE a évalué les effets de l'érosion monétaire décrits précédemment en appliquant la variation (en glissement) de l'indice des prix à la consommation au cours de l'année à la valeur du patrimoine financier « non indexé » des ménages en début d'année (actifs financiers nets de passifs, à l'exception des titres — actions notamment — dont la valeur n'est pas définie en termes nominaux). De 1974 à 1985, mesurée avec les comptes de la base 1971, l'érosion de ce patrimoine financier non indexé a représenté en moyenne 5,4 % du RDB des ménages, 34,2 % de leur épargne brute et 97,5 % de leur épargne financière (capacité de financement). Autrement dit, le revenu disponible ne l'est pas autant que son appellation pourrait le laisser croire. Avant de pouvoir consommer sans s'appauvrir (Hicks), les ménages ont dû en affecter une part significative au simple maintien de la valeur réelle de leur patrimoine financier « non indexé ». La CN pourrait laisser penser que les ménages ont eu une épargne financière de 1974 à 1985. C'est une illusion ; cette épargne n'est qu'apparente puisqu'elle a tout juste suffi à compenser les effets de l'érosion monétaire. Mais le phénomène n'a pas été régulier, ce qui rend les évaluations actuelles de la croissance du revenu assez fantaisistes et conduit à proposer une autre façon de compter. Soit l'exemple dont les données suivent.

	Année 1	*Année 2*	*Année 3*	*Évolution totale de 1 à 3*
Pouvoir d'achat du RDB *(a)*	100	105	110,25	
Érosion du patrimoine financier « non indexé » en % du RDB *(b)*	2 %	6 %	2 %	
Pouvoir d'achat du RDB corrigé : $a-(a \times b)$	98	98,7	108,045	
Croissance du RDB	—	5 %	5 %	10,25 %
Croissance du RDB corrigé	—	0,7 %	9,5 %	10,25 %

L'IMPACT DE L'ÉROSION DU PATRIMOINE FINANCIER « NON INDEXÉ » SUR L'ÉVOLUTION DE LA SITUATION DES MÉNAGES (1977-1985)

	1977	*1978*	*1979*	*1980*	*1981*	*1982*	*1983*	*1984*	*1985*	*1977-1980*	*1981-1985*
Érosion* en % du RDB	4,8	5,1	6,2	6,9	6,8	4,7	4,8	3,8	2,6	5,75	4,54
Croissance du pouvoir d'achat (en %) :											
— du RDB (a)	3,3	5,2	1,6	- 0,1	2,8	2,6	- 0,7	- 0,6	0,5	10,3	4,6
— du RDB corrigé (b)	3,7	4,9	0,4	- 0,8	2,9	4,9	- 0,8	0,4	1,7	8,3	9,1
Différence b – a	0,4	- 0,3	- 1,2	- 0,7	0,1	2,3	- 0,1	1,0	1,2	- 2,0	4,5
Taux d'épargne (en %)											
— traditionnel	16,6	17,5	16,2	14,9	15,8	15,7	14,4	13,5	12,3	16,3	14,3
— corrigé	12,5	13,1	10,6	8,6	9,6	11,5	10,1	10,0	9,9	11,2	10,2

* Érosion du patrimoine financier « non indexé » des ménages rapportée au montant de leur RDB (5,2 % en 1976). Définitions et mode de calcul sont précisés dans le texte.

Sources : calculs à partir des comptes nationaux en base 1971. Des taux d'épargne corrigés ont été publiés pour la première fois par l'INSEE en juin 1986 dans le *Rapport sur les comptes de la nation*.

Pendant l'année 2, le RDB corrigé des effets de l'érosion monétaire augmente moins vite que le RDB. En 1, les ménages n'ont à affecter que 2 % de leur RDB au maintien de la valeur réelle de leur patrimoine financier « non indexé ». 98 % seulement de leur RDB sont réellement disponibles pour la consommation ou l'épargne. Cette proportion tombe à 94 % en 2 ; ce ne sont donc pas 105 qui sont réellement disponibles, mais 94 % de 105, soit 98,7. La croissance du revenu réellement disponible n'est donc pas de 5 % mais

L'inconstance des évolutions en volume

Les évolutions réelles (en volume) de longue période sont calculées par l'INSEE aux prix de l'année de base (actuellement 1995, précédemment 1970 et 1980). Ce choix fait dépendre les résultats des prix relatifs de cette année-là. Pour les séries évaluées aux prix de 1970, par exemple, cela conduit notamment à sous-pondérer la part des produits énergétiques dont le prix relatif a beaucoup augmenté dans les années soixante-dix et à surpondérer celle des biens d'équipement dont le prix relatif a globalement baissé. Pour l'année 1984, par exemple*, les matériels électriques professionnels, mesurés aux prix de 1984, représentent 7 % des importations et 15,5 % des investissements des entreprises ; si l'évaluation est faite aux prix de 1970, ces proportions sont de 17,7 % et 26,7 %. Les produits pétroliers et le gaz naturel représentent 20,2 % des importations aux prix de 1984, mais 4,3 % aux prix de 1970.

Pour contourner cette difficulté, on peut calculer chaque variation annuelle en volume aux prix de l'année précédente, ce qui permet de tenir compte au fur et à mesure de la déformation des prix relatifs. Les indices-chaînes en volume qui en résultent sont plus pertinents pour apprécier les évolutions. Mais les comptables nationaux ont longtemps rejeté cette méthode pour des raisons de cohérence formelle (les indices-chaînes ne permettent pas, notamment, de respecter exactement la nécessaire égalité des ressources en volume et des emplois en volume). Les résultats suivants illustrent à quel point la pertinence pouvait être alors sacrifiée à la cohérence : de 1975 à 1985, selon qu'on les mesure aux prix de 1970 ou au moyen d'un indice-chaîne, les importations ont crû en volume de 84 % ou 52 %, les exportations de 64 % ou 60 %, l'investissement des entreprises de 20 % ou 7 %, la consommation des ménages de 32 % ou 29 %*.

L'effondrement des prix relatifs des matériels informatiques et le rôle croissant joué par ceux-ci dans les économies avancées incitent à privilégier de plus en plus les calculs d'évolution aux prix de l'année précédente et non plus aux prix de l'année de base. À la fin de 1995, le *Bureau of Economic Analysis* des États-Unis annonçait qu'il allait désormais procéder ainsi. Il était temps : calculée aux prix de 1987, la croissance américaine était de 3,1 % en 1993 et de 4,1 % en 1994 ; mesurée aux prix de l'année précédente, elle s'établit respectivement à 2,5 % et 3,7 %. Des corrections qui conduisent à diviser à peu près par deux la croissance de la productivité par tête...

Avec la mise en place du SEC 95, l'utilisation des indices-chaînes se généralise dans les publications courantes des comptes nationaux. En outre, les comptables nationaux européens ont décidé de changer l'année de base pour le calcul des comptes à prix constants tous les cinq ans : en 2004 seront disponibles des comptes aux prix de 2000, en 2009 aux prix de 2005, etc.

* Françoise CHARPIN, « Les défauts des comptes à prix constants », *Revue de l'OFCE*, juillet 1987.

de 0,7 %. Un phénomène contraire se produit en 3. Point capital : sur l'ensemble de la période, RDB et RDB corrigé croissent strictement de la même manière (110,25/100 = 108,045/98) car l'importance de l'érosion est identique en 1 et 3. Les leçons de cet exemple sont essentielles.

L'inflation et l'appréciation de la situation des SNF

Pour les SNF, la méconnaissance des effets de l'inflation sur le patrimoine financier non indexé a des conséquences contraires à celles que nous avons analysées pour les ménages. Car les SNF sont globalement plus endettées que créancières. Autrement dit, leur RBD (qui est aussi leur épargne brute) est sous-estimé lorsque l'inflation allège leurs dettes. La CN *sous-évalue donc l'évolution de leur profit retenu* (épargne) *lorsque l'inflation s'accélère et la surestime lorsque la hausse des prix fléchit* (voir le *Rapport sur les comptes de la nation* publié en juin 1984). Les calculs effectués pour tenir compte de cette érosion montrent que de 1971 à 1989 le besoin de financement des SNF n'a pas été en moyenne de 6,5 % de leur VA comme l'affirment les comptes officiels mais de 0,8 % ; et que le taux moyen d'autofinancement était de 103 % et non de 73 % ! Cette approche conduit à s'interroger sur la pertinence du diagnostic lorsque l'inflation varie assez fortement. C'est ainsi que, appréciée avec les méthodes traditionnelles, l'amélioration de la situation des SNF de 1986 à 1987 n'est pas négligeable : leur taux d'épargne augmente de 0,8 point. Mais la période voit un recul de l'inflation, donc de l'érosion automatique de leurs dettes. Si l'on tient compte de ce phénomène, le taux d'épargne (corrigé) recule de 0,8 point. La différence entre les deux évaluations est de 1,6 point de VA, c'est-à-dire plus de la moitié de l'épargne nette mesurée par les comptes. Autrement dit, l'amélioration de la situation des entreprises apparaît ici comme une illusion statistique qui masque une évolution de sens contraire. Il faut donc manier avec discernement les données obtenues à partir des ratios habituels (voir p. 45). Ces nuances doivent encore être accentuées lorsqu'on calcule la valorisation des stocks dans l'optique d'une analyse de la situation des SNF.

Si S_t est le volume des stocks des SNF à l'instant t et p_t le prix moyen d'acquisition en t de chaque élément des stocks, la variation totale de la valeur des stocks est : $S_tp_t - S_{t-1}p_{t-1}$; cela peut s'écrire :

$$\underbrace{p_t(S_t - S_{t-1})}_{A} + \underbrace{(p_t - p_{t-1})S_{t-1}}_{B}$$

Parce qu'elle veut mesurer correctement la production, la CN ne retient comme *variation des stocks* que l'élément A (voir p. 12). L'élément B est repris dans le compte de patrimoine après passage dans le compte des variations (voir p. 76). Cette attitude est légitime, mais permet mal d'apprécier l'évolution de la situation des entreprises qui dépend beaucoup de l'*appréciation sur stocks* (l'élément B).

La façon actuelle de compter de la CN conduit à une estimation biaisée du *niveau* du revenu. Elle ne permet d'apprécier correctement les *évolutions* du revenu que pour des périodes dont les années extrêmes correspondent à une dépréciation identique du patrimoine (les 1 et 3 de l'exemple). Pour les autres périodes, et notamment à court terme, la CN actuelle ne permet de déterminer que des évolutions sans réelle signification économique. Compte tenu des objectifs de la CN et des enjeux sociaux et politiques liés, à tort ou à raison, à une appréciation correcte de l'évolution du revenu, cette façon de compter devrait être modifiée ou complétée. Il est clair que le calcul d'un RDB corrigé serait encore plus intéressant s'il était effectué aussi pour chaque CSP ou PCS, car l'importance du patrimoine financier « non indexé » n'est pas la même selon les catégories sociales. Mais les résultats des calculs consignés dans le tableau sont déjà spectaculaires. En termes de RDB, le pouvoir d'achat des ménages a augmenté de 10,3 % lorsque Raymond Barre était Premier ministre (1977-1980), et de 4,6 % « sous la gauche » ; en termes de RDB corrigé, ces évolutions sont respectivement de 8,3 % et de 9,1 %... Cette divergence est normale puisque l'inflation a augmenté pendant la première période et baissé pendant la seconde. Le lecteur observera que le taux d'épargne des ménages (EB/RDB) a un profil assez différent lorsque l'on corrige numérateur et dénominateur de la dépréciation du patrimoine. La baisse du taux d'épargne des ménages a fait couler beaucoup d'encre ; la notion de taux d'épargne corrigé permet de la relativiser.

4. Le PIB est-il un indicateur de bien-être ?

« L'ensemble des phénomènes sociaux n'est pas réductible aux seules dimensions économiques : la comptabilité nationale, qui mesure en termes monétaires la création et les échanges de droits économiques, n'a pas pour objet de mesurer le bien-être, le bonheur ou la satisfaction sociale », indiquent les comptables nationaux dans leur présentation des méthodes du SECN (*Collections de l'INSEE*, C 44, janvier 1985). Ce type d'avertissement et les très nombreux travaux théoriques concluant à l'impossibilité d'une telle mesure [2] n'ont en fait jamais empêché les hommes politiques, mais aussi certains économistes, d'assimiler le PIB ou le revenu national par tête à un indicateur de bien-être. « Il est peu contestable que la grandeur la plus propre à renseigner sur le bien-être d'une population est le produit national net aux prix du marché [nous dirions aujourd'hui le revenu national net, J.-P. P.]. Pour qu'il livre la mesure demandée, il faudrait 1°) que la totalité des biens et services soit enregistrée ; 2°) que l'effort fourni pour l'obtenir soit exactement évalué ; 3°) que les prix expriment toutes les utilités marginales des biens et services. Autant de conditions qui ne sont pas remplies », écrit même François Perroux dans *Les Comptes de la nation* (PUF, 1949). Bref, la mesure serait possible si...

Ce type de démarche, finalement assez répandu, conduit alors à rechercher les conditions qui permettraient de rendre le PIB défini actuellement plus « présentable » comme indicateur du « bonheur national ». Ces projets et ces recherches — à notre avis sans aucune

2. ARKHIPOFF Oleg, « Peut-on mesurer le bien-être national ? » *Collections de l'INSEE*, C 41, mars 1976 [OCDE, 2001] et [Vanoli, 2002].

La mesure de la production domestique

Les études sur ce sujet considèrent généralement que la production domestique est celle qui résulte d'un travail accompli dans le cadre de la famille et nécessaire au déroulement de la vie quotidienne dans les normes sociales actuelles. Les évaluations limitent le champ de cette production aux services qui pourraient être accomplis par une personne rémunérée. C'est évidemment la valorisation du travail domestique qui pose le plus de problèmes.

Pour 1974, on estime en France à 48,1 milliards d'heures le travail domestique (féminin à 77 %), soit 17 % de plus que le travail professionnel. Sa valorisation au moyen de salaires fictifs peut être faite :

— au *coût d'opportunité* : rémunération qu'obtiendrait dans la vie professionnelle la personne qui accomplit un travail domestique ; la vaisselle faite par une avocate vaut plus que celle exécutée par une ouvrière. Le *manque à gagner* ainsi calculé correspond à 44 % du PIB en 1975 (68 % avec les charges sociales) ;

— au *prix de marché du travail équivalent* : si on considère que le travail domestique aurait pu être accompli par une employée de maison, le *manque à gagner* peut alors être évalué à 28 % du PIB (44 % avec les charges sociales) ; ces chiffres passent à 37 % et 57 % si l'on valorise avec les taux de salaire de personnels qualifiés pour chaque activité (puéricultrice, infirmière, cuisinière...).

Comme le soulignent les auteurs de la principale évaluation française, il est clair que chaque méthode repose sur un scénario implicite dont la réalisation transformerait l'équilibre économique et les niveaux des salaires utilisés pour les évaluations.

(*Source* : Anne Chadeau et Annie Fouquet, « Peut-on mesurer le travail domestique ? » *Économie et Statistique*, septembre 1981.)

perspective de succès — présentent néanmoins l'avantage de souligner à quel point le PIB est un indicateur sensible à certaines conventions.

• L'intégration au PIB du non-marchand est loin de résoudre les problèmes posés par la mesure des services non marchands des administrations. Inutile d'insister sur les inconvénients de la mesure de la production par des coûts de production ; en revanche, il faut souligner que cette évaluation exclut par principe tout profit. On fait comme si les capitaux immobilisés dans des infrastructures publiques étaient non rémunérés, ce qui se traduit implicitement par une absence de mesure ou une sous-estimation des services qu'elles rendent. Même si elle reste problématique, l'introduction du non-marchand présente pourtant l'avantage de rendre le PIB moins dépendant du statut de certaines activités : le passage des hôpitaux publics du SI des SNF à celui des APU à partir de 1987 ne diminue pas le PIB, il modifie simplement la répartition entre marchand et non-marchand (voir page 56) ; dans le système antérieur à 1971, il aurait conduit à une baisse importante de la production intérieure

L'indicateur du développement humain (IDH)

Pour manifester que la mesure du développement ne saurait se réduire au PIB, le PNUD (Programme des Nations unies pour le développement) calcule un IDH depuis 1990. C'est un indicateur composite qui est la moyenne de trois indicateurs (pondérés de façon égale) :

— la longévité, mesurée par l'espérance de vie à la naissance ;

— le niveau d'éducation, mesuré à partir du taux d'alphabétisation des adultes (pour deux tiers de l'indicateur) et du taux brut de scolarisation (tous niveaux d'études confondus) (pour le dernier tiers) ;

— le niveau de vie, mesuré par le PIB réel corrigé par habitant.

La valeur de chacun de ces indicateurs est comprise entre 0 et 1 ; elle est proportionnelle à la position du pays par rapport au minimum et au maximum fixés par le PNUD pour chaque indicateur (vingt-cinq ans et quatre-vingt-cinq ans pour l'espérance de vie, 0 % et 100 % pour les taux, 100 dollars et 40 000 dollars pour le PIB). Un pays dont les habitants ont une espérance de vie de soixante-sept ans aura un indicateur de 0,7 car il se situe à 70 % de l'écart entre valeurs extrêmes (quarante-deux ans au-dessus de vingt-cinq ans, alors que l'écart est de soixante ans ; autrement dit (67 – 25)/(85 – 25) = 0,7).

Pour le niveau de vie, on obtient l'indicateur situé entre 0 et 1 par le même procédé, mais le PIB-PPA (voir page 82) par habitant utilisé dans le calcul subit d'abord une correction. En effet, le PNUD fait l'hypothèse que le niveau de vie n'est pas strictement proportionnel au PIB mais augmente de moins en moins vite au fur et à mesure que le PIB par habitant s'élève. Autrement dit, comme producteur de bien-être, le PIB a un rendement décroissant : lorsque le PIB par tête augmente de n %, le niveau de vie s'élève, mais de moins de n % ; en d'autres termes, l'utilité d'une unité supplémentaire de PIB — l'utilité marginale, disent les économistes — est décroissante. Pour introduire techniquement cette idée, les concepteurs de l'IDH remplacent le PIB-PPA par tête par son logarithme. Quand le PIB/habitant passe de 100 dollars (minimum envisagé par le PNUD) à 1 000 dollars, puis à 10 000 dollars, le logarithme passe donc de 2 à 3, puis à 4. Lorsque le PIB est multiplié une première fois par 10, son logarithme est donc multiplié par 1,5 ; lorsqu'il l'est une deuxième fois, ce dernier est multiplié par 1,33 (le logarithme d'un nombre est la puissance à laquelle il faut élever 10 pour retrouver le nombre : $10^2 = 100$; $10^3 = 1\,000$). Pour le maximum du PIB par tête fixé à 40 000 dollars, le logarithme est 4,6. Ramené de 0 à 1, l'indicateur s'écrit pour un PIB par habitant égal à y :

$$W(y) = (\log y - \log 100)/(\log 40\,000 - \log 100) = (\log y - 2)/2{,}6.$$

La démarche de l'IDH présente l'intérêt de manifester – contre l'opinion de beaucoup d'économistes – que le développement ne peut être ramené au PIB et que, s'il ne se réduit pas à du quantitatif, il peut néanmoins être quantifié. Le tableau indique ainsi que des IDH de valeurs voisines peuvent être atteints avec des niveaux de PIB sensiblement différents.

On trouvera page 83 les IDH de quelques pays développés. En 1999, l'IDH était de 0,258 en Sierra Leone (minimum), 0,467 en Afrique subsaharienne, 0,571 en Inde, 0,718 en Chine, 0,775 en Russie, 0,939 en Norvège (maximum).

Source : PNUD, *Human Development Report 2001*, « www.unpd.org ».

1999	*Monde*	*Brésil*	*Arabie saoudite*	*Thaïlande*	*Philippines*
PIB-PPA par habitant*	6 980	7 037	10 815	6 132	3 805
Indicateur de PIB	0,71	0,71	0,78	0,69	0,61
Espérance de vie**	66,7	67,5	71,3	69,9	69,0
Indicateur d'espérance de vie	0,70	0,71	0,77	0,75	0,73
Indicateur d'éducation	0,74	0,83	0,71	0,84	0,91
IDH	0,716	0,750	0,754	0,757	0,749

* dollars ; ** années.

brute (agrégat de l'époque qui ne comprenait que du marchand) alors que la privatisation des routes (!) l'aurait augmentée (dans la CN actuelle cette décision n'augmenterait le PIB que des profits des entreprises gestionnaires) [3].

• Le PIB ne prend en compte qu'une partie de l'économie « non officielle ». La fraude et l'évasion fiscale sont évaluées en tenant compte de taux moyens de fraude par catégorie d'entreprise et secteur d'activité estimés à partir des contrôles fiscaux. Le travail au noir est aussi évalué (à l'aide de méthodes plus sommaires), de même que l'activité des entreprises dites « absentes » (elles figurent dans les fichiers administratifs sans aucune donnée comptable). Au total, ces corrections représentent 11 % de la VA pour les entreprises privées non agricoles et 6,5 % pour l'ensemble du PIB, dont 3,8 % pour le travail au noir (voir [Wagner, 1995]). On remarquera simplement que le problème n'est pas tellement que le PIB soit incomplet, mais le fait que ce qui lui échappe corresponde à une proportion sans doute changeante du PIB. Si cette part était stable, l'évolution du PIB mesuré serait un bon indicateur de l'évolution de la production de biens et services. Les travaux sur les corrections des agrégats, conduits dans une optique d'approximation du bien-être, incitent à rejeter cette hypothèse de stabilité.

• Quelques auteurs, principalement anglo-saxons et japonais, ont tenté de définir et d'évaluer des notions du type « bien-être national net ». Ces méthodes corrigent les agrégats traditionnels en leur ajoutant la valeur de la production domestique, celle du temps de loisir, etc., et en retranchant les « frais généraux » de la société (dépenses

3. En fait la valeur de la P ne changerait pas, mais le PIB baisserait du montant des péages payés par les entreprises (péages traités comme une CI donc baissant la VA des entreprises). D'une façon générale, il est plus que douteux que les APU ne rendent pas de services non marchands aux entreprises. Il faudrait pouvoir introduire une CI pour ces services, ce qui ferait baisser le PIB.

militaires, de police...) et les coûts des nuisances, pollutions, encombrements, etc. (excellente synthèse dans [OCDE, 2001]). Les résultats obtenus montrent qu'en général le « bonheur national net » augmente moins vite que le PIB, ce qui constitue finalement une critique pertinente du mode de croissance de nos sociétés.

5. La comptabilité nationale comme pratique sociale

La CN n'est pas une activité ludique « gratuite » mais une pratique sociale ; son développement apparemment irrésistible ne peut être réduit à un mouvement endogène d'expansion du savoir, mais doit être aussi interprété comme un symptôme et un instrument du changement du rôle de l'État dans l'économie. Cela est particulièrement net en France [Fourquet, 1980].

La croissance initiale rapide de la CN en France est liée au consensus idéologique de l'après-guerre : l'État doit réguler l'activité économique. Dans ce contexte, la CN se constitue d'abord comme instrument de préparation des décisions de la politique économique à court terme : l'objectif principal est de permettre l'élaboration des *budgets économiques*. Ceux-ci cherchent à décrire l'évolution de l'économie pour l'année en cours (budget prévisionnel) et pour l'année suivante (budget exploratoire). Ils doivent permettre de déceler les déséquilibres économiques éventuels, d'en analyser les facteurs, et d'étudier les effets des différentes mesures correctrices envisageables. Les budgets économiques sont établis grâce à des modèles économiques qui permettent de simuler les enchaînements macroéconomiques compte tenu des comportements habituels moyens observés (notamment grâce à la CN) et de certaines hypothèses relatives à l'environnement international et à la politique économique. Les budgets économiques sont annexés au *Rapport économique et financier* présenté par le gouvernement au Parlement avec le projet de loi de finances déposé à l'automne. On leur a souvent reproché d'être des « comptes politisés » reposant sur des hypothèses *ad hoc* quant au succès de la politique économique, de correspondre plus à des objectifs irréalistes qu'à des prévisions raisonnables. En 1976, le Premier ministre, Raymond Barre, écrit au journal *Le Monde* : « J'imagine mal que ceux qui ont la responsabilité de la politique économique inscrivent dans leurs tableaux économiques des valeurs différentes de celles qui concrétisent leur ligne d'action. La prévision économique est nécessairement normative. » On ne saurait être plus clair sur l'articulation du savoir et du pouvoir. (Le compte rendu des dix ans de controverses entre *Le Monde* et le gouvernement est dans [Fourquet, 1980] ; sur les relations CN-modèles économiques voir R. Boyer, *in* [Affichard, 1987] et [Vanoli, 2002].)

La volonté planificatrice de l'après-guerre a fortement marqué la CN française. Cette dernière est inextricablement une condition et un résultat de la planification (indicative) à la française qui ne requiert pas seulement des informations macroéconomiques, mais aussi des données mésoéconomiques, intermédiaires (*mésos*) entre la micro et la macro : d'où le développement de comptes entièrement articulés et d'une information assez riche sur l'équilibre ressources-emplois par produit. C'est dans ce contexte de budgets économiques et de planification (et non dans le cadre d'un débat sur la théorie de la valeur) qu'il faut situer la limitation par la CN jusqu'en 1975 de la notion de production à la seule sphère marchande de l'économie. La CN devait aider l'État à réguler et à organiser les flux marchands ; les administrations étaient perçues comme importantes pour leurs relations avec la sphère marchande (prélèvements et dépenses) et non pour les services rendus à la collectivité ; les banques étaient conçues comme fondamentalement improductives, réduites à un rôle de simples intermédiaires financiers sous la coupe de la Direction du trésor du ministère des Finances ; quant aux ménages, il ne leur était assigné (le SCN 93 maintient pour l'essentiel cette conception) qu'une fonction très keynésienne d'agents économiques se limitant à recevoir des revenus et à les dépenser.

L'extension de la notion de production opérée jadis par le SECN reflète bien les changements économiques et idéologiques intervenus ; c'est particulièrement net à propos de l'État dont les modes d'intervention sont devenus plus fins et plus sélectifs. Mais l'élargissement de la CN, conçu à la fin des années soixante, est aussi une réponse à la pression de la demande sociale d'informations plus diversifiées. À côté des comptes trimestriels (p. 93) et régionaux (les premiers ont été publiés en 1966) qui lui sont antérieurs, la CN propose notamment — outre les comptes de patrimoine déjà présentés — des comptes satellites.

Les comptes satellites rassemblent l'information nécessaire à la connaissance, l'analyse et la préparation des décisions dans de grands domaines d'action de l'État (éducation, santé, protection sociale, recherche, mais aussi informatique, télécommunications, logement...). Ils s'appuient sur l'expérience acquise pour l'élaboration annuelle des comptes de l'artisanat, du commerce, des transports et, surtout, de l'agriculture (ceux-ci jouent un rôle important dans l'élaboration des armistices précaires signés entre l'État et les groupes sociaux correspondants). Les comptes satellites contiennent des informations monétaires et non monétaires sur les facteurs de production (personnel, infrastructures...) et sur les *bénéficiaires*

La comptabilité nationale et la « nouvelle économie »

La variation de la valeur d'un bien ou d'un service exprime soit un changement de prix, soit un changement de volume. Parce que la notion de volume intègre à la fois celle de quantité et celle de qualité, il est souvent délicat de distinguer entre variation de prix et variation de volume. Faute de pouvoir faire le tour de cette question difficile (voir [Piriou, 1992]), on illustrera seulement ici l'ampleur de son enjeu par quelques résultats (*cf.* Henri Duprat, « Déflateurs et technologie : le cas des ordinateurs aux États-Unis », *in* [Archambault, Arkhipoff, 1986]).

À l'occasion du remplacement de la base 1972 par la base 1982, les comptables nationaux américains ont modifié le mode de calcul de l'indice de prix des ordinateurs. La révision des évolutions en volume qui en découle est spectaculaire. Aux prix de 1972, les achats d'ordinateurs par les entreprises sont passés de 3,5 milliards de dollars en 1972 à 34,3 en 1984. Les données révisées les font bondir de 3,5 à 136,7 milliards de dollars. Un écart correspondant à plus de 6 % du PIB de 1984. Depuis, de nombreuses révisions ont eu lieu pour tenter de mieux tenir compte des changements de qualité des produits. Le fait qu'elles soient effectuées sans concertation internationale ne facilite pas les comparaisons internationales. Par exemple, l'investissement en matériel informatique a augmenté en Allemagne de 9 % par an de 1991 à 1999 (40 % aux États-Unis) ; si l'on adopte les méthodes de calcul américaines, la croissance bondit de 9 % à 27,5 % (voir Patrick Artus, *La Nouvelle Économie*, collection « Repères », La Découverte, 2001).

D'une façon plus générale, un redoutable défi est lancé à la CN. Elle doit s'adapter à un univers en voie d'informatisation et de virtualisation dans lequel la richesse est de moins en moins synonyme de quantité mais s'exprime par la diversité des assortiments. À une économie dans laquelle la richesse dépend largement des coûts variables se substitue, lentement mais peut-être inéluctablement, une économie où les coûts fixes deviennent décisifs.

Parmi les problèmes posés par la nouvelle économie, celui de la rapidité des réactions des statisticiens aux évolutions en cours n'est pas le moindre. La nouvelle économie met ainsi à mal les nomenclatures : les jeux vidéo, par exemple, n'ont pas de rubrique (8 milliards de F en 1998) ; utilisés sur un téléviseur, ils sont classés « jouet », utilisés sur un ordinateur, ils sont classés « logiciel informatique ». S'ils sont « en ligne », on ne sait pas les classer autrement que comme « service divers ». Ce problème de nomenclature peut devenir grave compte tenu de la rapidité des évolutions. Exemple du répertoire des entreprises (SIRENE) en 2000 : dans le secteur des « services de télécommunication », les deux tiers des unités recensées exerçaient en réalité une autre activité ; le tiers restant correspondait à un nombre de firmes à peine plus nombreuses que celles exerçant la même activité mais classées à tort dans d'autres secteurs d'activité. Sur ces points, voir le rapport du groupe de travail du CNIS sur l'« observation statistique du développement des TIC et de leur impact sur l'économie », rapporteur Marc Aufrant, octobre 2000, et — surtout — [Lequiller, 2000].

(malades, étudiants...). Les comptes satellites permettent de distinguer le financement de la dépense, le domaine de celle-ci et l'évaluation des résultats. Dans certains domaines, ils sont particulièrement intéressants ; ainsi *Les Comptes de la santé* (publiés chaque année par la DRESS dans *Études et Résultats*) qui présentent une description des 10 % du PIB de la *dépense courante de santé*. Il est tout à fait dommage que les comptes de ce type ne soient pas plus utilisés pour animer le débat sur les politiques publiques. On peut également noter que la construction de comptabilités en temps de travail, jadis défendue obstinément par Alfred Sauvy [1968], n'a jamais débouché malgré quelques travaux intéressants [Baudelot *et al.*, 1979].

Au cours des années quatre-vingt et quatre-vingt-dix, certains économistes ont proposé d'en revenir à une notion purement marchande de la production : une conception très « libérale » de l'économie s'accommode mal du fait que la CN affirme que les administrations produisent. Question finalement secondaire à côté des menaces que fait peser l'idéologie des ultralibéraux sur la CN elle-même. Qu'importe l'évaluation d'agrégats, si, comme le soutenait Hayek, toute macroéconomie est illusoire [Dostaler, 2001, ch. III] ? Qu'importe la connaissance précise des performances économiques, de la répartition des revenus, des effets de l'inflation, etc., dès lors que les mécanismes du marché garantissent efficacité et équité, comme ces économistes le croient ? Pourquoi alors maintenir une institution — la CN — qui fait moins les comptes (d'ailleurs impossibles) du bien-être que les « comptes de la puissance » [Fourquet, 1980] et constitue un instrument de connaissance donc de pouvoir au service de l'État ? Ces menaces de régression ne nous semblent pas réelles : dans nos sociétés complexes, qu'il se proclame ou non libéral, l'État ne peut détruire son tableau de bord ; surtout lorsque celui-ci ne contient pas d'indications indiscrètes sur les rapports de pouvoir qui constituent ces sociétés.

Conclusion

Technique de synthèse statistique, la CN fournit une représentation quantifiée de l'économie dans un cadre comptable. À juste titre, on souligne souvent les avantages dus à la cohérence du cadre comptable et des chiffres présentés ; c'est indubitablement celle-ci qui fait de la CN un outil de premier ordre pour l'analyse économique. La nécessité de la cohérence est aussi un moyen d'améliorer les sources statistiques parce qu'elle en fait apparaître les lacunes et les contradictions. Mais la représentation comptable risque de conduire à de graves erreurs si on l'utilise en oubliant qu'elle ne peut renvoyer qu'à une cohérence interne, c'est-à-dire à une vérité formelle reposant exclusivement sur les conventions de départ. Pour interpréter la CN, il faut éviter les pièges dans lesquels il est d'autant plus facile de tomber que la représentation comptable est séduisante.

L'ordre et le découpage des comptes sont d'autant plus trompeurs qu'ils rejoignent le bon sens : la production précède la répartition des revenus qui est elle-même logiquement antérieure à la consommation ; ce qui reste permet l'investissement, le déficit ou l'excédent étant comblé ou absorbé par les opérations financières. Ce bon sens est dangereux car il conduit à une illusion de savoir qui est un des principaux obstacles à la connaissance, comme le disait jadis Gaston Bachelard. Au plan macro, on sait depuis Keynes que le niveau de production est lié aux comportements de consommation ; que la production n'est pas indépendante de la répartition, etc. Au niveau micro, il est clair, par exemple, que la production elle-même n'est pas indépendante des opérations financières (aucune firme ne produit sans crédits préalables), qu'il en est de même des investissements (y compris ceux des ménages en logements), etc.

A posteriori, bien évidemment, la représentation comptable permet de *constater* que les ressources égalent les emplois, que l'épargne nationale égale l'investissement national (aux relations avec le reste du monde près), etc. Mais les équilibres retracés n'ont pas le pouvoir d'expliquer des mécanismes économiques dont ils ne présentent que les traces monétaires. Les soldes comptables peuvent aussi être trompeurs : pour les ménages fortement endettés, par exemple, l'épargne n'est pas un solde (ce qu'il reste du revenu après consommation) ; c'est la consommation qui est le vrai solde, c'est-à-dire ce qu'ils peuvent dépenser de leurs revenus après avoir épargné pour rembourser. La CN pourrait faire croire que le réel est constitué de compartiments articulés par des soldes ou que les relations marchandes ou monétaires sont les seuls rapports économiques. La mise en ordre à laquelle procède la CN ne dispense pas du nécessaire effort d'analyse. Les relations comptables ne sont pas des relations de causalité.

L'architecture et les notions de la CN sont des constructions intellectuelles qui dépendent de conceptions économiques théoriques souvent peu explicitées, des instruments d'observation utilisables et des besoins de la politique économique et de l'État (principal financeur). Le succès de la CN a un effet pervers : il finit par transformer ce schéma et ces notions en objets réels, et tout ce qui ne figure pas dans la CN n'a pas d'existence reconnue. La gigantesque banque de données qu'est devenue la CN est alors perçue comme le réel lui-même, alors qu'elle n'est qu'une mise en scène (une représentation) des traces monétaires laissées par le mouvement des rapports économiques. Le succès de la CN est tel que ses catégories deviennent des normes sociales intouchables : un article présentant la notion de RDB corrigé et les résultats de la p. 103 a été refusé en février 1986 par un grand quotidien du soir parce que nous risquions de « troubler dans l'esprit des lecteurs des notions bien établies ». La CN serait-elle la seule représentation légitime de l'économie ?

Repères bibliographiques

AFFICHARD J. (éd.) [1987], *Pour une histoire de la statistique*, tome 2 : *Matériaux*, Economica et INSEE. En 970 pages, 72 spécialistes racontent l'histoire des principaux instruments statistiques contemporains.

ARCHAMBAULT E., ARKHIPOFF O. (éds) [1986], *Études de comptabilité nationale*, Economica. Colloque de l'association de CN en 1984. Ensuite, un colloque tous les deux ans chez le même éditeur.

AUGERAUD P. [2001], *Le Passage de la comptabilité d'entreprise aux comptes nationaux,* Méthode Base 95, INSEE, Banque de France, Trésor public.

AUGERAUD P. et BRIOT L. [1999], *Le Système intermédiaire d'entreprises*, n° 2 de Méthode Base 95, INSEE, Banque de France, Trésor public.

BAUDELOT C., ESTABLET R., TOISIER J. [1979], *Qui travaille pour qui ?* coll. « Cahiers libres », François Maspero. Une application décapante de la comptabilité en temps de travail.

BERTHIER J.-P. [1999], « Les biens et les services dans la base 95 de la comptabilité nationale », *Économie et Statistique*, n° 321-322.

CAPRON M. [1993], *La Comptabilité en perspective*, coll. « Repères », La Découverte. Une approche critique pertinente et pédagogique.

COMBEMALE P. [2003], *Introduction à Keynes*, coll. « Repères », La Découverte, nouvelle édition. Intelligent et stimulant.

DESROSIÈRES A. [2000], *La Politique des grands nombres, Histoire de la raison statistique*, La Découverte/Poche. Passionnant.

DESROSIÈRES A., THÉVENOT L. [2002], *Les Catégories socioprofessionnelles*, coll. « Repères », La Découverte, nouvelle édition. Synthèse « incontournable » par les « pères » des nouvelles CSP.

DOSTALER G. [2001], *Le libéralisme de Hayek*, coll. « Repères », La Découverte. Tout sur le plus grand penseur du libéralisme.

FOURQUET F. [1980], *Les Comptes de la puissance. Histoire de la comptabilité nationale et du plan,* coll. « Encres », Éd. Recherches, Paris, 1980.

GALLAIS A. [1995], « Révisions et précision des comptes nationaux français », *Économie et Statistique*, n° 285-286, mai-juin.

GUELLEC D. [1999], *Économie de l'innovation,* coll. « Repères », La Découverte. Lumineux.

GUERRIEN B. [2002], *Dictionnaire d'analyse économique,* coll. « Dictionnaires Repères », La Découverte.

HERPIN N., VERGER D. [2000], *La Consommation des Français*, deux volumes, coll. « Repères », La Découverte. Un économiste et un sociologue font le point en mobilisant toutes les sources disponibles.

INSEE [1993], *Le Produit national brut,* coll. « INSEE-Méthodes », octobre. 456 pages sur les sources et méthodes de la base 80 ; donne un bon aperçu de certains des problèmes concrets à résoudre.

INSEE [1994], Dossier comptabilité nationale, avec des contributions de J. Bournay, M. Braibant, R. Isnard, E. Malinvaud, J.-F. Minder et A. Vanoli, *Courrier des statistiques*, n° 69, mars.

INSEE [1998], « La nouvelle base 95 », *Courrier des statistiques*, n° 87-88, décembre.

INSEE [2002a], *L'Économie française. Rapport sur les comptes de la nation de 2001*, Le Livre de poche. Chaque année pendant l'été, le rapport sur les comptes de l'année antérieure. Un peu trop langue de bois.

INSEE [2002b], « Comptes nationaux. Rapport sur les comptes de la nation 2001 », *INSEE-Résultats*, n° 002. Peu de papier mais un cédérom. 53,4 €.

INSEE [2002c], « Extraits et tableaux des comptes de la nation 2001 », *INSEE-Références*, n° 752, août. Très utile surtout depuis que la version papier de l'INSEE [2002b] est squelettique.

LEQUILLER F. [1997], « L'indice des prix à la consommation surestime-t-il l'inflation ? » *Économie et Statistique*, n° 303.

LEQUILLER F. [2000], « La nouvelle économie et la mesure de la croissance », *Économie et Statistique*, n° 339-340. Excellent.

MADELIN V. [1999], « Les comptes des secteurs institutionnels : de la base 80 à la base 95 », *Économie et Statistique*, n° 321-322.

MAGNIEN F., TAVERNIER J.-L. et THESMAR D. [2002], « Les statistiques internationales de PIB par habitant en standard de pouvoir d'achat : une analyse des résultats », document de travail INSEE, G 2002/01, <www.insee.fr>.

MALINVAUD E. [1964], *Initiation à la comptabilité nationale*, troisième édition, Imprimerie nationale.

OCDE [2001], *Du bien-être des nations : le rôle du capital humain et social*, Paris, OCDE.

OFCE [2003], *L'Économie française 2003*, coll. « Repères », La Découverte. Chaque année, cet institut indépendant livre une mise en perspective accessible qui montre l'intérêt des résultats des comptes nationaux, y compris des comptes trimestriels.

PIKETTY T. [2002], *L'Économie des inégalités*, coll. « Repères », La Découverte. Ne se contente pas de les décrire.

PIRIOU J.-P. [1992], *L'Indice des prix*, coll. « Repères », La Découverte, troisième édition.

PIRIOU J.-P. [2002], *Lexique de sciences économiques et sociales*, coll. « Repères », La Découverte, cinquième édition. Pour trouver rapidement des définitions de termes économiques absentes du présent ouvrage.

SAUVY A. [1968], « Un essai d'économie intégrale : la couverture de nos besoins par une population », *Population*, novembre. Les enjeux des comptabilités en temps de travail.

SCN 93 [1993], *Système de comptabilité nationale 1993*, ONU. Manuel préparé sous les auspices du Groupe de travail intersecrétariat sur la comptabilité nationale associant la Commission des Communautés européennes, le FMI, l'OCDE, l'ONU et la Banque mondiale. C'est la Bible des comptables nationaux. On lira avec profit notamment les 65 pages de l'« aperçu général » rédigé par André Vanoli.

SEC 95 [1996], *Système européen des comptes, SEC 1995,* Eurostat, Luxembourg.

TEMAM D. [1998], « Vingt ans après, la comptabilité nationale s'adapte », *Économie et Statistique*, n° 318.

VANOLI A. [2002], *Une histoire de la comptabilité nationale*, Paris, La Découverte, coll. « Manuels Repères », 654 pages. La référence mondiale. André Vanoli, l'un des « pères » de la comptabilité nationale contemporaine, a réalisé un incroyable exploit. Peut être considéré aussi comme un manuel avancé. Cette somme devrait favoriser un renouvellement de l'enseignement de la CN et stimuler les chercheurs.

WAGNER C. [1995], « La prise en compte de l'économie au noir : l'exemple de la méthode italienne », *Économie et Statistique*, n° 285-286, mai-juin.

www.insee.fr : pratique.

Liste des abréviations et des sigles

ANFNP Actifs non financiers non produits
APNM Autre production non marchande
APU Administrations publiques
BUF Branche unité fictive
CAF Coût assurance fret
CCF Consommation de capital fixe
CE Consommation finale effective
CEI Comptes économiques intégrés
CI Consommation intermédiaire
CITI Classification internationale type par industrie
CN Comptabilité nationale
CS Cotisations sociales
CSP Catégories socioprofessionnelles
DC Dépense de consommation finale
EB Épargne brute
EBE Excédent brut d'exploitation
EI Entreprises individuelles
EX Exportations
FAB Franco à bord
FBCF Formation brute de capital fixe
FCP Fonds commun de placement
GIE Groupement d'intérêts économiques
IDE Investissement direct étranger
IDH Indicateur du développement humain
IM Importations
INSEE Institut national de la statistique et des études économiques
IP Impôts sur les produits
ISBLSM Institutions sans but lucratif au service des ménages
MC Marges commerciales
MT Marges de transport
NACE Nomenclature d'activités économiques des communautés européennes
NAF Nomenclature d'activités française
NES Nomenclature économique de synthèse
OPCVM Organisme de placement collectif en valeurs mobilières
P Production
PCS Professions et catégories socioprofessionnelles
PEFP Production pour emploi final propre
PIB Produit intérieur brut
PNB Produit national brut
PO Prélèvements obligatoires
PPA Parité de pouvoir d'achat
RDAB Revenu disponible ajusté brut
RDB Revenu disponible brut
RDM Reste du monde
RNB Revenu national brut
RNDB Revenu national disponible brut
SCN Système de CN (ONU)
SD Compte semi-définitif
SEC Système européen des comptes
SECN Système élargi de CN
SF Sociétés financières
SI Secteur institutionnel
SICAV Société d'investissement à capital variable
SIFIM Services d'intermédiation financière indirectement mesurés
SNF Sociétés non financières
SNM Services non marchands
SOAP Solde des opérations sur actifs et passifs financiers
SP Subventions sur les produits
SRPB Solde des revenus primaires bruts
TEE Tableau économique d'ensemble
TES Tableau entrées-sorties
TPF Transferts de produits fatals
UE Union européenne
VA Valeur ajoutée
VDA Variation d'actifs
VDP Variation de passifs
VR Ventes résiduelles
VS Variation des stocks

Index

(les sigles figurent page 119)

Table

Collection

R E P È R E S

dirigée par
JEAN-PAUL PIRIOU

avec BERNARD COLASSE, PASCAL COMBEMALE, FRANÇOISE DREYFUS, HERVÉ HAMON, DOMINIQUE MERLLIÉ *et* CHRISTOPHE PROCHASSON

Affaire Dreyfus (L'), n° 141, Vincent Duclert.
Aménagement du territoire (L'), n° 176, Nicole de Montricher.
Analyse financière de l'entreprise (L'), n° 153, Bernard Colasse.
Archives (Les), n° 324, Sophie Cœuré et Vincent Duclert.
Argumentation dans la communication (L'), n° 204, Philippe Breton.
Balance des paiements (La), n° 359, Marc Raffinot, Baptiste Veinet.
Bibliothèques (Les), n° 247, Anne-Marie Bertrand.
Bourse (La), n° 317, Daniel Goyeau et Amine Tarazi.
Budget de l'État (Le), n° 33, Maurice Baslé.
Calcul des coûts dans les organisations (Le), n° 181, Pierre Mévellec.
Calcul économique (Le), n° 89, Bernard Walliser.
Capitalisme financier (Le), n° 356, Laurent Batsch.
Capitalisme historique (Le), n° 29, Immanuel Wallerstein.
Catégories socioprofessionnelles (Les), n° 62, Alain Desrosières et Laurent Thévenot.
Catholiques en France depuis 1815 (Les), n° 219, Denis Pelletier.
Chômage (Le), n° 22, Jacques Freyssinet.
Chronologie de la France au XXe siècle, n° 286, Catherine Fhima.
Collectivités locales (Les), n° 242, Jacques Hardy.
Commerce international (Le), n° 65, Michel Rainelli.
Comptabilité anglo-saxonne (La), n° 201, Peter Walton.
Comptabilité en perspective (La), n° 119, Michel Capron.
Comptabilité nationale (La), n° 57, Jean-Paul Piriou.
Concurrence imparfaite (La), n° 146, Jean Gabszewicz.
Conditions de travail (Les), n° 301, Michel Gollac et Serge Volkoff.
Consommation des Français (La) :
1. n° 279 ; **2.** n° 280, Nicolas Herpin et Daniel Verger.
Constitutions françaises (Les), n° 184, Olivier Le Cour Grandmaison.
Contrôle budgétaire (Le), n° 340, Nicolas Berland.
Construction européenne (La), n° 326, Guillaume Courty et Guillaume Devin.
Contrôle de gestion (Le), n° 227, Alain Burlaud, Claude J. Simon.
Cour des comptes (La), n° 240, Rémi Pellet.
Coût du travail et emploi, n° 241, Jérôme Gautié.
Critique de l'organisation du travail, n° 270, Thomas Coutrot.
Culture de masse en France (La) :
1. 1860-1930, n° 323, Dominique Kalifa.
Décentralisation (La), n° 44, Xavier Greffe.
Démocratisation de l'enseignement (La), n° 345, Pierre Merle.
Démographie (La), n° 105, Jacques Vallin.
Dette des tiers mondes (La), n° 136, Marc Raffinot.
Développement économique de l'Asie orientale (Le), n° 172, Éric Bouteiller et Michel Fouquin.
DOM-TOM (Les), n° 151, Gérard Belorgey et Geneviève Bertrand.
Droit de la famille, n° 239, Marie-France Nicolas-Maguin.
Droits de l'homme (Les), n° 333, Danièle Lochak.
Droit du travail (Le), n° 230, Michèle Bonnechère.
Droit international humanitaire (Le), n° 196, Patricia Buirette.
Droit pénal, n° 225, Cécile Barberger.
Économie bancaire, n° 268, Laurence Scialom.
Économie britannique depuis 1945 (L'), n° 111, Véronique Riches.
Économie de l'Afrique (L'), n° 117, Philippe Hugon.
Économie de l'automobile, n° 171, Jean-Jacques Chanaron et Yannick Lung.
Économie de l'environnement, n° 252, Pierre Bontems et Gilles Rotillon.
Économie de l'euro, n° 336, Agnès Benassy-Quéré et Benoît Cœuré.
Économie française 2003 (L'), n° 357, OFCE.
Économie de l'innovation, n° 259, Dominique Guellec.
Économie de l'Italie (L'), n° 175, Giovanni Balcet.
Économie de la connaissance (L'), n° 302, Dominique Foray.
Économie de la culture (L'), n° 192, Françoise Benhamou.
Économie de la drogue (L'), n° 213, Pierre Kopp.
Économie de la firme, n° 361, Bernard Baudry.
Économie de la presse, n° 283, Patrick Le Floch et Nathalie Sonnac.
Économie de la réglementation (L'), n° 238, François Lévêque.
Économie de la RFA (L'), n° 77, Magali Demotes-Mainard.
Économie des États-Unis (L'), n° 341, Hélène Baudchon et Monique Fouet.
Économie des fusions et acquisitions, n° 362, Nathalie Coutinet et Dominique Sagot-Duvauroux.
Économie des inégalités (L'), n° 216, Thomas Piketty.
Économie des organisations (L'), n° 86, Claude Menard.
Économie des relations interentreprises (L'), n° 165, Bernard Baudry.
Économie des réseaux, n° 293, Nicolas Curien.
Économie des ressources humaines, n° 271, François Stankiewicz.
Économie des services (L'), n° 113, Jean Gadrey.
Économie du droit, n° 261, Thierry Kirat.

Sociologie de Marx (La), n° 173, Jean-Pierre Durand.
Sociologie de Norbert Elias (La), n° 233, Nathalie Heinich.
Sociologie des cadres, n° 290, Paul Bouffartigue et Charles Gadea.
Sociologie des entreprises, n° 210, Christian Thuderoz.
Sociologie des mouvements sociaux, n° 207, Erik Neveu.
Sociologie des organisations, n° 249, Lusin Bagla-Gökalp.
Sociologie des relations internationales, n° 335, Guillaume Devin.
Sociologie des relations professionnelles, n° 186, Michel Lallement.
Sociologie des syndicats, n° 304, Dominqiue Andolfatto et Dominique Labbé.
Sociologie du chômage (La), n° 179, Didier Demazière.
Sociologie du droit, n° 282, Évelyne Séverin.
Sociologie du journalisme, n° 313, Erik Neveu.
Sociologie du sida, n° 355, Claude Thiaudière.
Sociologie du sport, n° 164, Jacques Defrance.
Sociologie du travail (La), n° 257, Sabine Erbès-Seguin.
Sociologie économique (La), n° 274, Philippe Steiner.
Sociologie historique du politique, n° 209, Yves Déloye.
Sociologie de la ville, n° 331, Yankel Fijalkow.
Sociologie et anthropologie de Marcel Mauss, n° 360, Camille Tarot.
Sondages d'opinion (Les), n° 38, Hélène Meynaud et Denis Duclos.
Stratégies des ressources humaines (Les), n° 137, Bernard Gazier.
Syndicalisme en France depuis 1945 (Le), n° 143, René Mouriaux.
Syndicalisme enseignant (Le), n° 212, Bertrand Geay.
Système éducatif (Le), n° 131, Maria Vasconcellos.
Système monétaire international (Le), n° 97, Michel Lelart.
Taux de change (Les), n° 103, Dominique Plihon.
Taux d'intérêt (Les), n° 251, A. Benassy-Quéré, L. Boone et V. Coudert.
Taxe Tobin (La), n° 337, Yves Jegourel.
Tests d'intelligence (Les), n° 229, Michel Huteau et Jacques Lautrey.
Théorie de la décision (La), n° 120, Robert Kast.
Théories économiques du développement (Les), n° 108, Elsa Assidon.
Théorie économique néoclassique (La) :
1. Microéconomie, n° 275,
2. Macroéconomie, n° 276, Bernard Guerrien.
Théories de la monnaie (Les), n° 226, Anne Lavigne et Jean-Paul Pollin.
Théories des crises économiques (Les), n° 56, Bernard Rosier.
Théories du salaire (Les), n° 138, Bénédicte Reynaud.
Théories sociologiques de la famille (Les), n° 236, Catherine Cicchelli-Pugeault et Vincenzo Cicchelli.
Tiers monde (Le), n° 53, Henri Rouillé d'Orfeuil.
Travail des enfants dans le monde (Le), n° 265, Bénédicte Manier.
Travail et emploi des femmes, n° 287, Margaret Maruani.
Travailleurs sociaux (Les), n° 23, Jacques Ion et Bertrand Ravon.
Union européenne (L'), n° 170, Jacques Léonard et Christian Hen.
Urbanisme (L'), n° 96, Jean-François Tribillon.

Dictionnaires

R E P È R E S

Dictionnaire de gestion, Élie Cohen.
Dictionnaire d'analyse économique, *microéconomie, macroéconomie, théorie des jeux, etc.*, Bernard Guerrien.

Guides

R E P È R E S

L'art de la thèse, *Comment préparer et rédiger une thèse de doctorat, un mémoire de DEA ou de maîtrise ou tout autre travail universitaire*, Michel Beaud.
Les ficelles du métier. *Comment conduire sa recherche en sciences sociales*, Howard S. Becker.
Guide des méthodes de l'archéologie, Jean-Paul Demoule, François Giligny, Anne Lehoërff, Alain Schnapp.
Guide du stage en entreprise, Michel Villette.
Guide de l'enquête de terrain, Stéphane Beaud, Florence Weber.
Manuel de journalisme. *Écrire pour le journal*, Yves Agnès.
Voir, comprendre, analyser les images, Laurent Gervereau.

Manuels

R E P È R E S

Analyse macroéconomique 1.
Analyse macroéconomique 2.
17 auteurs sous la direction de Jean-Olivier Hairault.
Une histoire de la comptabilité nationale, André Vanoli.

Composition Facompo, Lisieux (Calvados)
Achevé d'imprimer en décembre 2002 sur les presses de l'imprimerie Campin, Tournai (Belgique)
Dépôt légal : janvier 2003